賽雷

全彩漫畫作品

賽雷三分鐘漫畫世界史 ①

賽雷三分鐘漫畫世界史

目 錄

13 末日倉庫中的未來

在世界末日前拯救人類

賽雷三分鐘漫畫世界史

1

歐洲「黑」歷史

不愛洗澡的中世紀歐洲人

◔ 洗澡對現代人來說，是生活中不可缺少的一環，隔上兩天不洗澡，就感覺渾身難受……

◔ 要是有人說他一個月就洗一次澡，肯定會被大家嫌棄：這也太不愛乾淨了！

賽雷三分鐘漫畫世界史

要放到幾百年前的歐洲，有人一個月洗一次澡也會被眾人嫌棄，不過理由卻正好相反，是因為他洗得太頻繁了！

不愛洗澡的歐洲人

說出來你可能不信，在中世紀的歐洲，人們經常一整年都不洗澡，有些人乾脆一輩子就洗兩三次……

比方說法國國王路易十四，根據御醫的紀錄，他每年只洗一次澡，也有人說，他在1647年到1711年的64年間總共才洗過1次澡。

這麼長時間不洗澡，身上那個濃郁的味道，估計和陽光一樣辣人眼睛，真不愧別人叫他「太陽王」。

路易十四

養尊處優的國王尚且如此，平民肯定也沒愛乾淨到哪兒去。其實，早先的歐洲人還是挺講衛生的，比方說古羅馬人，他們就特別愛洗澡。

羅馬人認為沐浴之後會得到健康女神的祝福，他們建了很多公共澡堂，據說羅馬城裡就有差不多1000個。

而且這些澡堂大多是不要錢的，算政府給百姓派送的福利，在那兒洗上一整天，都沒人會管。讓這麼多人免費洗澡，你想想看得花多少柴火錢？也只有富裕的羅馬才敢這麼搞。

羅馬帝國滅亡之後，很多公共澡堂在戰爭中被毀，在它的地盤上誕生的新國家也都是些窮國家，根本花不起這個錢。

你要說平民洗澡不方便了，還可以理解，那幫貴族有錢有房，他們為啥也不洗呢？這就得「歸功」於歐洲那幫庸醫了！

羅馬公共澡堂的水管大多是拿鉛做的，用久了沒人維護就生鏽了，鉛鏽混進洗澡水，搞得很多羅馬人都鉛中毒了，當時的醫生們不懂化學，就瞎猜病是洗澡洗出來的。

再加上14世紀的義大利又爆發了可怕的黑死病,這地方恰好是愛洗澡的羅馬人的老家,這下醫生就徹底確定了,洗澡就是讓人得病的罪魁禍首!

醫生認為洗熱水澡的時候,人類皮膚上的小孔會全部打開,然後人體內的元氣就從孔裡漏了出去,黑死病病毒和其他細菌、病毒,也趁機從小孔跑了進來。

所以想保全性命，就絕對不能洗澡，要讓身上積起厚厚的垢來堵住皮膚上的小孔，相當於自帶一層保護罩。

雖然醫生的水準低，但普通人更加無知。在醫生們的「糊弄」下，人們紛紛開始以不洗澡為榮，羅馬時代殘留下來的公共澡堂也一個接一個關門。

據說，曾經資助過哥倫布的西班牙女王——伊莎貝拉一世，就驕傲地對世人宣稱，自己一生只洗過兩次澡，一次是出生時，一次是新婚洞房之前。

伊莎貝拉一世

貴族們雖然不洗澡，好歹每天早上起來會拿乾布擦擦臉意思一下，但窮人們可不講究形象，於是乾脆連形式都省了，隔幾天換件衣服就成。

所以，那時的歐洲，上至國王下至百姓，都帶著一身惡臭，可謂是人人平等，但令人哭笑不得的是，這個時代最乾淨的人，居然是一群精神病人！

> 大家退後！這個人那麼乾淨，一看就是神經病！

> 醫生！你一定要救救我兒子啊！

醫生們覺得洗澡很痛苦，可以用來糾正精神病人的行為，於是精神病人只要一發病就被拖去洗澡，所以這些病人反而乾淨得不得了。

> 您放心！只要您給的錢夠！還沒有我洗不好的神經病……

如果以上這些就讓你覺得驚奇了，那接下來的內容將徹底改變你對歐洲的印象，因為當時的歐洲人不僅個人衛生沒搞好，連公共衛生也真是弄得糟糕透頂！

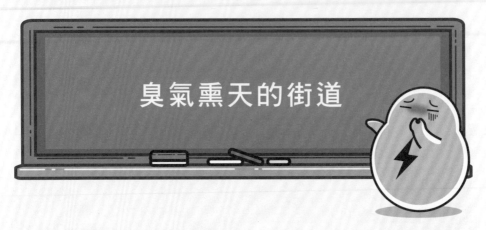

雖然羅馬時代比較文明，城市裡面還有公廁和下水道，但後來歐洲城市擴張太快，這些基礎設施建設就完全跟不上了。

大家出門在外找不到公廁，都是看哪兒方便往哪兒拉。現在英國的著名景點倫敦橋，當年就是個大公廁，男女老少直接蹲在橋邊，往泰晤士河裡面盡情「發洩」。

倫敦橋

由於沒有下水道，人們在家裡方便時，也是用個屎盆子或者尿壺接住，然後從樓上倒下去，要是這時有人路過就倒楣了。

🫘 1270年，巴黎曾經專門為此頒發過法令，不准市民往樓下「施肥」，但壓根沒人理……

🫘 最後只好退而求其次，提倡「巴黎文明市民」標準，也就是倒屎盆子之前，先往樓下喊三聲「注意」，以免路人躺槍。

🍃 不只巴黎，那時的歐洲城市，基本上都屎尿橫流、臭氣熏天，這種環境絕對是各種細菌病毒滋生的溫床。

🍃 全民不洗澡很多年以後，各種瘟疫依然在歐洲肆虐，幾千萬人丟了性命，歐洲人終於意識到，不洗澡跟抗病一點兒關係都沒有！

🔹 隨著科學的進步，人們發現洗澡好處多多，不僅可以保持身體乾淨，還能消除疲勞、促進血液循環。

🔹 再加上工業革命的到來，讓城市裡有了自來水，於是洗澡又重新在歐洲流行起來，「我不洗澡我驕傲」的時代，就這樣過去了。

以我們現在的眼光來看，這個時代算是歐洲的黑歷史，但話說回來，它也不是完全沒有貢獻。

因臭得福

因為常年不洗澡，體臭非常破壞形象，歐洲的女士們常常會拿著一束鮮花，或者掛一個香料袋，來掩蓋身上的氣味。

又要出遠門了……

🍃 但你每天拿束花出門多麻煩？於是歐洲人努力研究，最終搞出了香水這東西！

前面說的「太陽王」路易十四，還有他的後代路易十六，都對臭味特別敏感，為此從各地挖了一批香水師過來做香水研究。

🍪 法國一位王后手下的香水師，還在巴黎開設了第一家香水公司！

🍪 從某種意義上來說，正是不洗澡的惡習催生了歐洲的香水行業，至今他們還走在世界的前列，真的是因禍得福啊！

賽雷三分鐘漫畫世界史

2

跑步機是刑具

看見就兩腿發軟的英國人

W 最近老是有人嘲笑雷雷的身材，於是雷雷狠下心，重金購入一台跑步機，準備成為肌肉美型雷！

W 上去跑了一公里之後，雷雷感覺身體被掏空，差點就一口氣喘不過來，再也沒法給大家講故事了……於是雷雷決定查一查，到底是誰，發明出了這麼「變態」的跑步機。

👑 沒想到這一查就嚇一跳，雷雷發現了一個驚天祕密：當初發明跑步機的人，壓根沒把它當健身器材，而是作為折磨囚犯的刑具！

古代刑具跑步機

今天，咱們就來看看跑步機的「醜惡」真面目！

👑 千百年前人類就造出了類似跑步機的農具，比方說歐洲這種碾穀機，用一個原地旋轉的大木盤，連接上齒輪，人踩著木盤轉就能驅動機器。

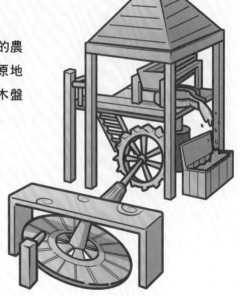

碾穀機

♕ 踩這種機器非常費力，玩上兩三個小時身體就快散掉了，只要是買得起牲畜的家庭，人都不會親自上陣，而是讓驢子、馬來代勞。

臭小子……一到關鍵時刻就不見了！白養了！

效率看起來真高！

爸爸！畜生來了！

沒想到啊，我竟然連畜生都不如……

♕ 正是因為踩起來很辛苦，才有人想起拿它折磨人。

我上輩子是造了什麼孽啊！要這樣懲罰我！

♕ 19世紀初的時候，英國的犯罪率特別高，法官又喜歡判重刑，動不動就讓你坐十幾二十幾年牢。

什麼都別說了！說了就是20年！不夠就再加20年！

♕ 於是，英國大大小小的監獄都被囚犯給塞滿了，政府每年都得撥很多錢來養活這幫人，感覺身體都快被掏空了。

19世紀的英國監獄

更糟的是，監獄管理還很落後，只是單純地關住這些人，沒有啥教育、改造項目，犯人整天就無所事事，除了喝酒就是打架。

所以這些犯人服完刑出獄，十有八九會再進宮。怎麼讓犯人長記性，同時又能給監獄創造收入就成了一個難題。

當時有個叫威廉·邱比特的發明家，就想出了「監獄版跑步機」的方案，主體是一個超大的滾輪，上面裝了十幾個踏板，可以讓一群犯人站在上面踩。

而犯人們踩踏滾輪產生動力，透過齒輪傳遞給水泵來提水，或者帶動磨盤磨穀物。簡單來說，它有點像加強版的中國腳踏水車。

♔ 威廉·邱比特特給這玩意兒起名「treadwheel」，意思就是「腳踏轉輪」，也有人叫它「treadmill」，即「腳踏磨坊」。

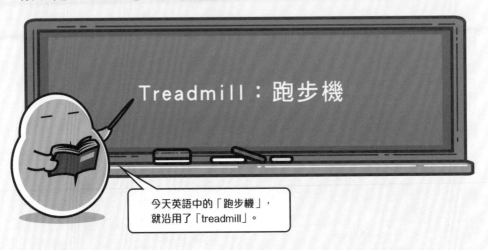

Treadmill：跑步機

今天英語中的「跑步機」，就沿用了「treadmill」。

♔ 1818 年，英國的幾個監獄正式引進了這種機器，獄卒們要求囚犯每天至少要連踩6個小時跑步機。

一天要踩這麼久，誰頂得住啊……

啪！

快給我踩！

👑 試用一段時間之後，獄卒發現效果好得不行，犯人從跑步機上下來後，根本沒精力去打架鬧事了，一個比一個服貼。

算……算你運氣好……我今天不……不想殺生……

我……今天……心情好……讓你……多……活幾天……

👑 而且他們的體力都轉化成動力了，拿來搞生產創造收入，還能補貼監獄的開支，豈不美哉？

我愛洗澡皮膚好好……

沒想到哇，這群廢物都變廢爲寶了呢……

跑步機獲得好口碑之後，很快被英國50多所監獄引進，就連大洋彼岸的美國人也看中了這個英國潮款，買了一堆回去裝在監獄裡。

美國人對跑步機的理解更加深刻，他們認為這是一種心理戰神器。因為重複踩踏板這件事，實在太枯燥太無聊了！

監獄又不像健身房能邊跑邊看電視，每天都去踩上幾個小時，肯定要被無聊逼瘋，這樣犯人就會長記性，再也不敢犯事了。

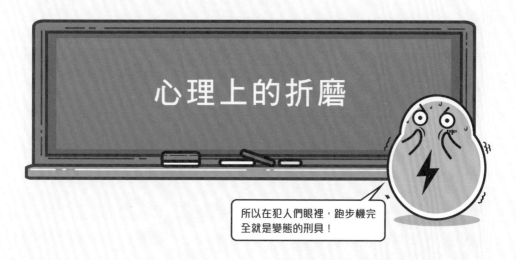

心理上的折磨

所以在犯人們眼裡，跑步機完全就是變態的刑具！

而且當年這種監獄版跑步機，跑起來像是爬樓梯，比在平地走路要辛苦多了，一般人走六個小時平地都累得要死，更別說爬6小時樓梯了！

嗶嗶嗶！

時間到

終於解脫了……

彷彿見到了上帝……

不僅如此，有的變態監獄甚至還要求犯人每天跑8個小時，稍微偷點懶就要挨鞭子抽，真是慘到不行。

有人曾經估算過，在監獄跑步機上跑8小時，相當於爬上海拔14000英尺的高峰，那就是……

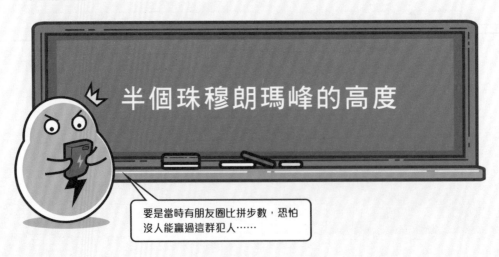

再加上當年監獄裡條件又差，伙食只是剛好讓你餓不死，而且監獄裡人口密集、污水橫流，很容易得上傳染病，累、餓、病交加，你說犯人們能活得長嗎？

有些犯人身體不好就直接歸西了，還有些強撐著上了跑步機，跑著跑著就兩眼一黑……

只要犯人停下腳步，就會從跑步機上摔下來，頭破血流都算輕的，運氣不好還可能被捲進機器，不是斷手斷腳就是直接喪命。

跑步機是刑具　　**033**

在近80年時間裡，無數犯人栽倒在跑步機上，大量的死傷事件也引起了英國國民的抗議。

再加上那時蒸汽機已經普及，也不缺囚犯們這一點人力了，於是在1898年，英國修改了《監獄法》，禁止使用跑步機折磨犯人。

ꙮ 改成做衣服之類的手工活後，不僅讓犯人們的身體負擔沒那麼大，還能讓他們學點技能，出去以後好混口飯吃。於是，跑步機就在一片罵聲中退休了。

你們現在坐牢，真是趕上好時代了啊！想當年……

ꙮ 但僅僅在二十幾年後，跑步機就破繭重生了！因為後來大家發現，適度踩一踩跑步機……

有利於身體健康

叫「跑步機」大概一台都賣不出去吧……

ꙮ 1911年，美國發明家哈根設計了第一種健身用跑步機，他註冊專利時，用的是「訓練機」這個名字，大概是覺得「跑步機」名聲太臭了。

跑步機是刑具　　**035**

👑 對住在城市的人來說，外面車擠車、人擠人，想找個地方跑步挺麻煩的，跑步機正好就解決了這個問題。

👑 此後跑步機一路高歌猛進，從純手動進化到電動，還加了心率監測之類的新功能，成為健身器材中的傑出代表。

賽雷三分鐘漫畫世界史

♛ 想想現在的健身房都被刑具給占領了，大家還玩得不亦樂乎，雷雷真是「細思極恐」啊！

🫘 為了讓人類免遭刑具的折磨，喚醒被跑步機欺騙的人，雷雷決定要帶頭抵制跑步機，把它扔去牆角吃灰！真不是因為雷雷我懶喔……

跑步機是刑具　　**037**

賽雷三分鐘漫畫世界史

3

西方醫院標誌的起源

古希臘醫神手舉蛇纏手杖的祕密

換到幾十年前，如果有誰得了病，去醫院裡看到破舊落後的設備，肯定會歎氣：要是能去國外看病就好了。

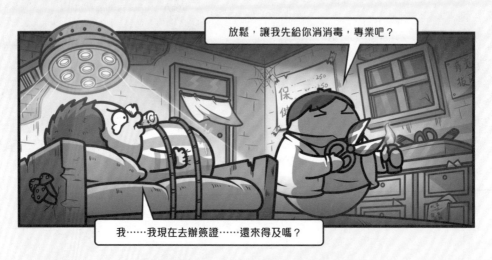

不過現在歎氣的人就很少了，因為中國的醫院一直在進步，我們現在有了先進的醫學儀器，有了寬敞舒服的病房，醫生的水準也越來越高。

我們也曾經擊敗過恐怖的病毒，現在地球上一出現什麼瘟疫，很多人都盼著中國醫院能找到特效藥，看起來咱們已經追趕上了外國醫院的醫療水準。

但雷雷今天要告訴大家，中國醫院和外國醫院，還有個非常大的「差別」，那就是……

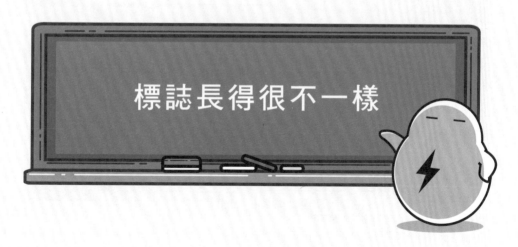

不知道大家有沒有跟雷雷一樣的感覺，就算醫院周圍高樓林立，想找到它也不難，因為中國醫院的樓上一般都掛著超大號的十字標誌，一眼就能看見。

你要是習慣了找十字，到外國去就麻煩了。因為那邊的醫院全院上下，可能都找不到一個十字標。

外國醫院一般會設計自己的專屬 logo（標誌），各家有各家的特色，但是他們會在自己家logo的旁邊，再放個很讓人疑惑的圖案：一條纏繞著棒子的蛇。

不是吧？經常咬人放毒的蛇，怎麼跟救死扶傷的醫院聯繫到一起了？關於外國醫院「蛇標」的起源……

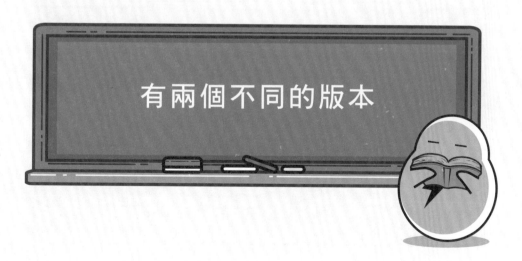

第一種說法是，古希臘神話中有個醫神，他雲遊四海救助病人，在漫漫旅途中，只有一條神蛇跟他做伴。

那條神蛇沒事幹的時候，就纏在醫神的手杖上玩，久而久之蛇加手杖就成了醫神的象徵。

希臘神話中的醫神亞希彼斯

大家都知道，古希臘文明是西方文明的祖師爺，所以很多學者認為，醫院標誌來自希臘醫神。不過，還有一本書也影響了整個西方，它就是《聖經》。

根據《聖經》裡的故事，人類曾經激怒上帝，然後上帝扔了很多蛇出來，它們到處咬人，一直到人類認錯為止。

還好人類認錯態度比較誠懇，上帝息怒之後，就叫信徒做了一條銅蛇掛在手杖上，被蛇咬的人只要看一眼就能保住性命。

上帝看你們認錯態度誠懇！特讓我鑄此蛇杖，只要看一眼就能治百病！！

可我是瞎子啊……

不管哪個版本的傳說是正解，反正對西方人來說，看見了蛇與手杖就等於抓住了活下來的希望，這點是不會變的。

懂了嗎？這個玩意兒才能救你的命！十字在我們這裡不好使的……

醫生快放開他吧！會出人命的！

咳咳……懂……明白……

不只是醫院會用這標誌，像世界衛生組織，還有不少醫科大學，都是拿蛇與手杖當素材，設計出了自己的logo。聽完這些，大家可能更迷糊了：既然管事的衛生部都用蛇的標誌，那咱們這兒的醫院……

為啥要用十字標呢？

說起拿十字架的人，大家最先想起的是誰？肯定是基督教的那些神父對吧？中國醫院的標誌，其實就跟他們有關。

🗨 古代的中國沒有什麼正規醫院，都是老中醫坐堂把脈，直到清末有神父來中國傳教，才把西方醫術帶了過來。

🗨 從1835年開始，他們在中國各地開辦了大大小小的教會醫院，一邊當醫生治病救人，一邊傳播基督教的理念。

早、中、晚各看一遍《聖經》，再加上我給你開的藥，包管病好喲！

為了方便中國老百姓辨認，也為了體現基督教屬性，這些教會醫院大多會在顯眼的地方掛上十字架標誌。

現在中國最厲害的一批醫院，有不少前身都是教會醫院，比如北京的同仁醫院，四川的華西醫院，一個世紀前有很多外國醫生在那工作。

教會醫院不管是藥還是醫術，都相對來說比較好，而且傳教士醫生也很負責，累積的口碑很好，所以大家都願意去看病。

即使後來中國在打仗，很多教會醫院也沒關閉，一些外國醫生堅決要留下來救死扶傷，這種精神也感動了不少中國人。

一直到幾十年後，中國人還是覺得，掛著十字標的醫院值得信賴，所以中國的很多醫院都保留了十字標誌。

但醫院終歸是醫院，不能一直跟教堂綁定吧？於是中國人做了一個決定，那就是……

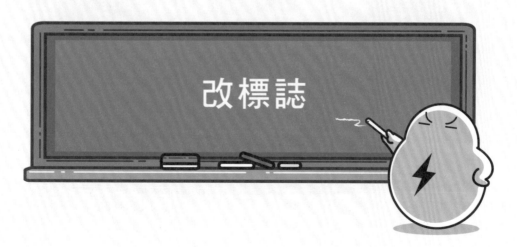

改標誌

一開始想的法子是改十字架的顏色，先是打算改成綠色十字，但馬上發現不太對，跟國際藥業的logo撞衫了……

國際藥業綠十字會logo

改成藍色怎麼樣？也不行，那是國際通用的獸醫標誌……

最後中國人決定用個折中方案，十字就用瑞士國旗上那種白色的，然後再加4顆「心」，於是就有了現在中國看到的醫院標誌。

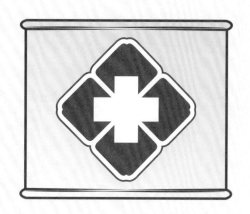

但這麼多年過去，如今很少有中國人還記得教會醫院了，而且越來越多的老外來中國，看見這種醫院標誌都不敢進去，還以為面前是瑞士大使館……

所以現在不少中國醫院，都開始改用西方的蛇標，或者兩種一起用，下面這輛混搭風救護車，就是最好的例子。

不過話說回來，西方的醫神故事也好，中國的教會醫院歷史也好，長相不同的標誌，其實有個共同點——

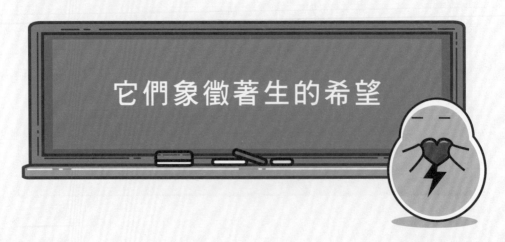

它們象徵著生的希望

病人看見這些圖案，就相信自己有救了；而對醫生來說，頂著這個標誌也等於扛著責任，不管有多少困難，他們都得像醫神一樣從病魔手中救人！

賽雷三分鐘漫畫世界史

4

禁酒令裡的美國史

無數黑幫崛起的「導火線」

《教父》這部經典電影，相信不少人都看過，裡面的黑幫肯定讓大家印象深刻，他們表面上穿著西服像個紳士，其實個個都心狠手辣！

對黑幫來說，販毒走私之類的違法買賣，在他們那兒算家常便飯了，他們爭起地盤來殺人不眨眼，在大街上就敢「砰砰砰」地開槍，還能用錢收買官員和員警，逃過法律的制裁，可以說是隻手遮天。

而且電影裡的這些故事都改編自真實的歷史，換句話說就是，當年的美國黑幫確實跟電影裡一樣猖狂。

按理來說，黑幫為所欲為是美國政府最不想看到的。整天打打殺殺個沒完，把大街搞得像戰場一樣，老百姓肯定要痛罵政府無能。

但雷雷今天要告訴你，美國黑幫能混得這麼好，其實都是美國政府搬起石頭砸自己的腳！而這一切的關鍵，就是美國的……

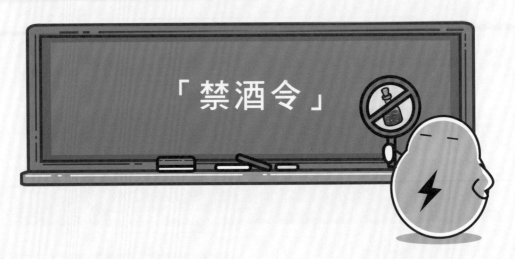

「禁酒令」這詞在中國也經常上新聞，說的是公務活動上不許喝酒。但美國的禁酒令可不一樣，它是讓全國上下都不許沾酒！而且寫進了美國憲法，史稱《憲法第十八修正案》。

白紙黑字，清清楚楚！

《憲法第十八修正案》

🍶 雖然大家都知道酒喝多了對身體不好，但咱們平時聚個會開個派對，都少不了助興酒，自己在家沒事小喝幾杯也很怡情，怎麼看都沒法禁酒啊！

🍶 為啥美國政府就這麼狠心呢？我們先把時間倒回400年前……

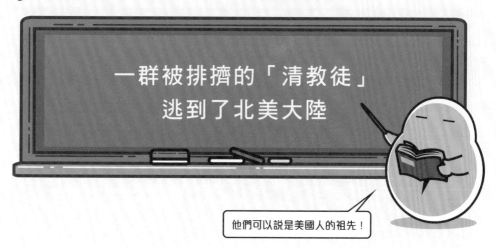

由於清教徒討厭放縱享樂，所以把酒視為萬惡之源，他們的子孫自然也被這種觀念洗腦了。

上個世紀初，美國已經成了世界一流強國，吸引了不少移民。而土生土長的美國人優越感爆表，打心裡看不起這些移民，總想找法子排擠他們。

這些移民大多來自愛喝酒的國度，比如德國、義大利。他們不僅自己天天喝，還開了酒吧或者釀酒坊謀生，而美國人的祖宗又鄙視酒，於是他們就動了禁酒的念頭。

而且很多美國老闆覺得，工人晚上喝酒，第二天上班就沒精神，會影響工作效率，所以全力宣傳禁酒。

再加上當時在打第一次世界大戰，德國是美國的對頭，又有很多德國人在美國釀酒賣酒，於是禁酒就跟愛國畫上了等號。

不過禁酒令能上臺的最重要原因，還是源自一場政治變革，那就是……

美國女性普遍覺得男人醉酒後會搞家庭暴力，沉迷喝酒之後也容易墮落，最後毀掉這個家。為了以後能拿到女性的選票，政客們紛紛高喊禁酒。

於是在 1920 年 1 月 17 日，禁酒令閃亮登場了！

🛍 禁酒令實行之前買的酒可以繼續喝，但是不許在公共場合喝，也不能跟朋友開什麼酒宴，只能自己喝悶酒，違者最高罰1000美元，還要蹲半年監獄！

🛍 所以在禁酒令生效的前夜，美國人都去商店瘋狂掃貨，買酒回家囤著。但這些庫存也就夠喝上幾個月，他們很快就只能看著空瓶子流淚了……

那些愛釀酒、賣酒的移民也感受到了深深的惡意，政府這不是斷我們活路嗎？他們之前可能並不怎麼熟，大難當頭只能抱團取暖了，於是就有了各種「老鄉會」。

「老鄉會」為了討口飯吃，就組織人手從海外偷運酒進美國，還把以前的釀酒設備搬到偏僻的地方繼續造酒，這些非法的酒就被稱為「私酒」。

👆 那些酒癮發作的人都願意出高價買私酒來解饞，本來要關門大吉的那些酒館，
也靠著私酒重新開張，只不過藏得更隱蔽了，以免被政府發現。

👆 這一切都被美國政府看在
眼裡，他們趕緊派出大批禁
酒員警，到處查地下酒廠、
酒館，找到私酒就倒下水溝
銷毀。

執法人員還跑到路上攔車檢查有沒有運酒，甚至還出動了軍艦去巡邏，就為了斷掉偷運私酒的海路。

但那些老鄉會已經靠賣私酒賺翻了，他們用大把大把的錢砸向官員和員警。公務員多查到私酒又沒獎金，當然樂意收他們的錢，然後睜一隻眼閉一隻眼。

那剩下的錢幹嘛？答案是買槍和招打手。因為各個老鄉會競爭也很激烈，如果幹倒了一家，就能吞掉那家的生意，所以老鄉會天天拿槍火拼，實際上他們已經成為黑幫了！

像是綽號「疤面」的艾爾．卡彭，他是義大利理髮師的孩子，家庭條件很一般，後來參加老鄉會開始賣私酒，短短幾年後就成了芝加哥黑幫老大。

艾爾．卡彭

🖐 沒人知道他到底賺了多少，只知道他投資了無數產業，養了無數打手，名貴珠寶也是隨手買，大大小小的官員都被他買通，他甚至還有閒錢搞慈善，給窮人發救濟糧。

🖐 除了黑幫在經營私酒，以前的釀酒廠也在想辦法轉型，像是葡萄酒廠就改賣濃縮葡萄汁。這是一塊像磚頭似的東西，把它放在水裡溶解後就能發酵成葡萄酒。

🖐 廠家還怕買家不懂行，在包裝上「嚴肅警告」：消費者千萬別把溶解後的葡萄汁放置21天，不然葡萄汁就會變成酒的！

🖐 另外還有人去買「藥用酒」，那時候人們相信酒能治病，比如威士忌能治口渴病。所以政府在禁酒之後，還是批准醫生用酒來給病人治病的。

所以醫生也找到了發財的方法，只要你多給點好處費，啥病他都能給你編出來，反正就是一句話：需要酒才能治！然後拿他的處方光明正大買酒去吧！

那給不起好處費的窮人該怎辦呢？他們只能去黑市上買低價的假酒，甚至是偷工業酒精喝……

當然了，這些聽起來就很不靠譜的玩意兒，肯定是有毒的！於是，美國有成千上萬的人因為喝工業酒精中毒變瞎甚至是直接喝死了。

事情搞成這樣，就算是個傻子都能看出來，想讓美國人不喝酒是不可能的！而且這個政策還帶來了一堆副作用，比如大批黑幫崛起，政府官員腐敗……

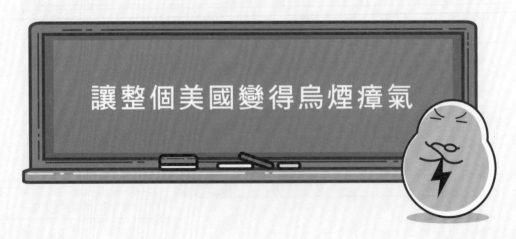

🔖 不少原本守法的老實人，為了喝口酒第一次成為罪犯，以後再幹其他壞事也就習以為常了。

🔖 此外，禁酒對政府也沒好處，以前光靠酒水收稅每年就能賺約 5 億美元，禁酒之後不但一分都賺不了，還要倒貼錢雇人去查私酒。

於是在1933年，美國終於廢止了《憲法第十八修正案》，這是美國有史以來唯一一條被廢的修正案。現在美國經常發生槍擊案，但允許老百姓買槍的《第二修正案》都還在，可見禁酒令多討人嫌。

禁酒令廢除的那一天，美國人全都走進酒吧慶祝，大家一起舉杯喝到飽，把這十多年的痛苦全部發洩了出來。

慶祝廢除禁酒令的新聞

雖說可以好好喝酒了，但禁酒令帶來的副作用，到今天都還在影響美國。

揮之不去的陰影

就拿黑幫來說吧，雖然私酒生意做不了了，但他們的組織已經成形，「留得青山在，不怕沒柴燒」。

而且黑幫已經找到了發財的祕訣——「政府禁止什麼就賣什麼」。很快他們就開始賣比酒危害更大的毒品，照樣賺大錢，照樣天天火拼，整個20世紀的美國都在為黑幫而頭疼。

愛酒的美國人也很心痛，十多年的禁酒令毀了很多好的酒廠，美國也錯失了成為釀酒強國的機會。

賽雷三分鐘漫畫世界史

所以到今天，大家說起美酒，還是會想起法國、德國、義大利，壓根就沒你美國什麼事。

賽雷三分鐘漫畫世界史

5

美洲巧克力征服歐洲

王公貴族當成了「手心裡的寶」

🫘 現在，巧克力對大部分人來說，只要想吃就能買到，和一般的食物沒啥區別。

🫘 但其實在幾百年前，一塊巧克力可能比一條人命都要值錢！

🫘 今天咱們要講的，就是這段人類聽了會沉默，巧克力聽了會流淚的歷史……

巧克力的故事

● 首先咱們得知道，巧克力的原料是可可豆，而能長可可豆的可可樹，幾百年前只在美洲才有。

● 在大航海時代之前，美洲是與世隔絕的，所以只有當地土著才知道可可豆這玩意兒的存在。

吃飯睡覺！玩豆豆……

● 他們發現可可豆無論是生吃還是煮熟了吃，味道都不太好，不知道是哪個吃貨第一個把可可豆、香料和水混在一起，做成的飲料意外地好喝！

呸！什麼玩意兒？一點都不好吃！

咕咚……

哇！世間竟有如此美味！

美洲巧克力征服歐洲 083

這個飲料就是巧克力的祖宗，是不是完全沒想到？巧克力最初居然是用來喝的，而不是用來嚼的！

正在製作可可飲料的美洲人

雖然巧克力飲料很好喝，但是可可樹發育很慢，還特別容易生病，產量根本沒法滿足廣大的土著吃貨。

🍪 所以作為原料的可可豆，身價也是一夜暴漲，甚至能和金銀珠寶一樣被用來與別人買賣東西，甚至是買賣奴隸。

🍪 1519 年，一個叫科爾特斯的西班牙探險家來到了美洲，他發現 100 個可可豆就能換一個奴隸。

科爾特斯

🍪 這是個啥概念呢？以現在的工藝，100個可可豆也就能做差不多100克巧克力，也就是我們兩三口吃掉的量……

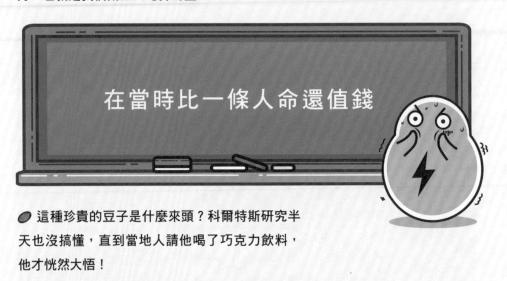

🍪 這種珍貴的豆子是什麼來頭？科爾特斯研究半天也沒搞懂，直到當地人請他喝了巧克力飲料，他才恍然大悟！

　　　　　　　賽雷三分鐘漫畫世界史

🟤 科爾特斯發現原來不是可可豆值錢，而是可可豆能做的這種飲料值錢，這個新鮮玩意兒如果引進到歐洲，會不會也大受歡迎呢？

🟤 科爾特斯說幹就幹，帶著巧克力飲料的原料、製作方法和工具就浩浩蕩蕩地回西班牙去了，讓西班牙王室都來試喝。

🍫 不試不知道，一試嚇一跳，西班牙王室全都愛上了巧克力飲料。他們為了獨享這種好東西，還把製作配方列為了國家機密。

🍫 這時的巧克力，身價可謂是到達了頂峰，配方都變成國家機密了，在王室眼中那就是比人命還值錢的東西。

直到 1615 年，一位西班牙公主帶著巧克力製作師，嫁到法國去當皇后，巧克力的製作方法才被洩露了出來。

很快，整個歐洲的王公貴族都被巧克力給征服了，有沒有資格喝巧克力飲料，就能證明你是不是貴族階層。

🟤 巧克力的功效也被越傳越玄妙：有人說它能解酒，有人說它能補身子，甚至還有人說它能壯陽催情，就差可以起死回生了。

🟤 但是吹得再神，巧克力也是奢侈品，老百姓根本無福消受，只能看著貴族喝巧克力飲料乾瞪眼。

就連貴族想喝也不容易，如果誰想要在旅行的時候喝上一口熱呼呼的巧克力飲料，還得隨身攜帶可可豆、製作設備，甚至還得帶上一個製作師傅。

直到18世紀的工業革命，情況才有所好轉。工業革命讓巧克力飲料可以開始大規模生產，加上全球可可豆產量的提高，巧克力變得越來越平民化，不再是貴族專屬。

越來越多的人喝到巧克力飲料，也就有越來越多的人想要改良它——巧克力的味道雖然好，但是作為飲料攜帶太麻煩了。

懶人改變世界。1847年，英國 Fry and Sons 推出了最早的固態巧克力，味道比起液態巧克力也絲毫不落下風。

🟤 很快，這個發明受到了全世界的肯定，吃過的都說好。固態巧克力也慢慢地從偏方變成了正統，最終風靡全球。

🟤 而固態巧克力來到中國，就已經是民國時期的事情了，那會兒老百姓沒啥錢，對他們來說，巧克力依然是奢侈品。

美洲巧克力征服歐洲

● 隨著中國的發展，巧克力才慢慢地重演從奢侈品到凡品的劇情，直到今天，大家想吃巧克力就能馬上買到了。

● 回頭看巧克力幾百年的歷史，它居然見證了這麼多的事情，從美洲到歐洲，再從歐洲走到全世界，實在是太不容易了。

賽雷三分鐘漫畫世界史

所以作為一個文化人，在我們品嚐巧克力前，一定要先默哀3秒，畢竟當年這是比人命還要值錢的食物。

賽雷三分鐘漫畫世界史

6

鳥糞引發的南美戰爭

西班牙真是「賠了夫人又折兵」

🖋 從咱們的祖先開始寫字算起，史書記載了多少年歷史，人類就打了多少年仗，從互相扔石頭到互相扔導彈……

🖋 當然，是個人都怕死，要是想讓人家把命都豁出去打架，沒個合適的理由是不可能的，比如搶地盤、搶奴隸啦，或者是兩國之間有什麼血海深仇要報……

••••••••••• ••••••••••

不過在大大小小無數場戰爭中，也有些理由特別奇葩，比如一個多世紀之前，有幾個國家來來回回打了6年仗，付出了4萬多人死傷的代價……

然而真相卻讓人大跌眼鏡，因為他們居然是為了爭奪……鳥糞！

🖋 是的，你沒有聽錯，讓他們爭得頭破血流的，就是鳥兒拉在你車上，或者你剛洗的被單上，又腥又臭還洗不掉的便便！

🖋 大家都巴不得離鳥糞遠點，怎麼還有國家喜歡這東西，還不要命地去搶呢？

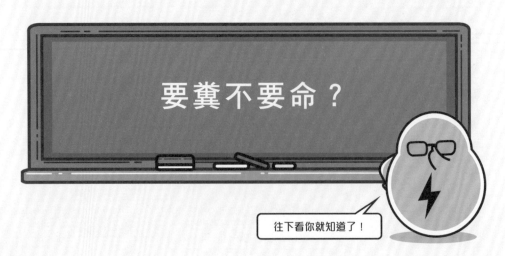

首先我們得講講當時的歷史背景，19世紀的歐洲城市化速度很快，很多農民進城生活了，這就導致種地的人變少，而吃飯的人還是和以前一樣多。

正所謂人數不夠效率來湊，很多科學家就想，能不能提高單塊農田的產量呢？我們現代人為了讓農作物增產會使用化肥，但遺憾的是……

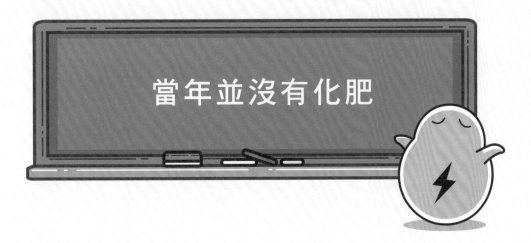

當年並沒有化肥

為了從大自然裡找到最好的肥料，德國人李比希來到南美洲考察，他登上了秘魯海岸附近的欽查群島。

因為欽查群島附近魚很多，吸引了成千上萬的海鳥來捕食，海鳥吃完了就要排泄，這麼循環了幾萬年，欽查群島上蓋了厚厚一層鳥糞。

李比希試驗之後發現，這些乾透的鳥糞是極佳的肥料，富含農作物需要的元素，能讓馬鈴薯的產量翻兩三倍！

鳥糞能讓農作物增產的消息傳開後，歐洲國家紛紛跑來找秘魯買鳥糞，這對秘魯來說簡直是天降橫財！

於是政府趕緊喊人上島去挖鳥糞，僅1850年1月到1851年4月的一年多時間，秘魯就賣給英國13.5萬噸鳥糞，這還沒算上其他的訂單。

很快鳥糞就成了秘魯的經濟支柱，一度占到GDP的60%，毫不誇張地說，當時秘魯就是建立在鳥糞上的國家。

🌿 靠著這筆「有味道」的錢，秘魯不僅還清了之前幾十年欠的債，還成了南美洲數一數二的財主。它買來高大威猛的戰艦整天炫耀，就跟暴發戶炫耀豪車似的。

🌿 秘魯賣鳥糞發了財，最不爽的是西班牙。因為秘魯之前是它的殖民地，前不久才獨立建國的，這等於西班牙跟一筆橫財擦肩而過了。

鳥糞引發的南美戰爭

西班牙想來想去氣不過，就要求秘魯支付賠款，賠啥呢？賠它獨立給西班牙帶來的損失……

但人家是憑自己本事獨的立，沒找你報仇都算好了，你還讓人家給賠錢？西班牙的臉皮厚度真是驚人啊，秘魯自然也沒有答應。

既然要錢沒希望了，西班牙索性開始明搶。1864 年 4 月 14 日，西班牙遠征艦隊進攻秘魯，奪走了滿是鳥糞的欽查群島。

面對訓練有素的西班牙軍隊，秘魯軍隊可以說是毫無還手之力，他們想盡辦法都搶不回欽查群島，只能眼巴巴看著鳥糞被一船船運走。

🍃 但西班牙人犯了個致命錯誤，為了將秘魯趕盡殺絕，竟然派艦隊封鎖了秘魯的港口，這下可就惹毛了秘魯的鄰居們。

🍃 因為秘魯的這些鄰居經常開船去秘魯做生意，斷人財路等於殺人父母，所以旁邊的智利、玻利維亞等國果斷跟秘魯拜把子結盟，戰爭從單挑變成了群毆。

🪶 秘魯多了幾個幫手後，西班牙慢慢開始撐不住了，好死不死，這時候的西班牙，居然又犯了一個錯，那就是……

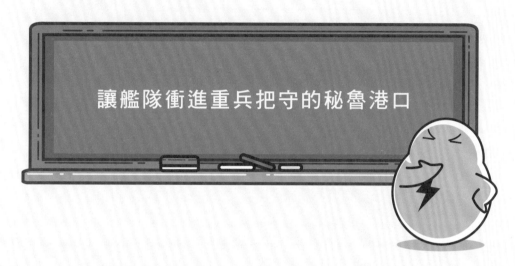

讓艦隊衝進重兵把守的秘魯港口

🪶 西班牙的艦隊在秘魯港口跟裝滿大炮的堡壘對戰後，雙方的死傷都很慘重，但從整個戰爭的角度來看，西班牙已經輸了。

🍃 因為畢竟西班牙的老家在歐洲，遠征軍死一個少一個，而秘魯人只要住這兒跟你耗著就行了。

🍃 1866年，西班牙無奈地從欽查群島撤退，官方紀錄把這場持續2年的戰爭稱為「欽查群島戰爭」，而秘魯民間則把這場戰爭叫做……

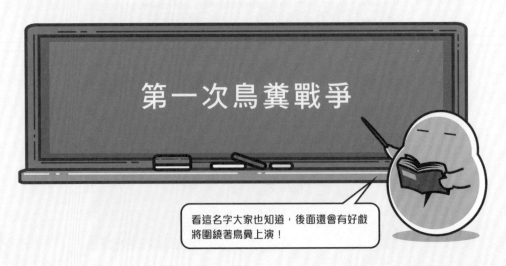

🍃 雖然欽查群島最後回到了秘魯手裡，但是因為毫無節制的開採，島上積攢了幾萬年的鳥糞，短短幾年之後就消耗光了。

🍃 然後秘魯又變窮了，大批大批老百姓失業，還欠了一屁股外債還不起，成為舉世聞名的信用破產國家。秘魯感覺自己就像做了一場美夢……

🍃 就在秘魯死活不願意醒來時，又有一瓶安眠藥擺在了面前，在秘魯、玻利維亞和智利的交界處，有個阿塔卡馬沙漠，那裡也有很多優質鳥糞。

🍃 阿塔卡馬沙漠除了有鳥糞之外，還有大量的硝石，它可以用來做肥料，也可以用來造火藥，還能幫忙冶煉一些金屬，被人尊稱為「白色珍珠」。

在挖到鳥糞和硝石之前，阿塔卡馬沙漠像個沒人愛的孩子。它是全世界最乾旱的地方之一，安家、種地都不合適，要來幹嘛？

所以三國關於這塊地的劃界特別隨便，誰多點少點都沒所謂，而且大家之前都是西班牙的殖民地，歸一個主子管那就是一家人，一家人分那麼清楚幹嘛？

🍃 現在找到了寶貝，那就完全不一樣了，大家都覺著自己分得太少了，尤其是窮困潦倒的秘魯，全指望這片沙漠讓自己再次暴富！

🍃 之前一起對付西班牙的革命友誼立馬被這哥仁拋到了腦後。1879 年，秘魯決定先下手為強，聯手玻利維亞進攻智利，史稱「南美太平洋戰爭」，或「第二次鳥糞戰爭」。

由於秘魯和玻利維亞是二打一，他們覺得自己優勢很大，所以什麼謀略都沒做，想用直接平推的方式幹掉智利。

雖然秘玻聯軍人比較多，但是戰鬥力參差不齊，甚至還混進了拿弓箭的土著，而且兩國都想讓對方送死，然後自己坐享其成，所以被智利人各個擊破了。

打到1883年，秘魯和玻利維亞已經下跪求饒了，不僅把原本屬於他們的那部分阿塔卡馬沙漠割讓給了智利，秘魯還把自己的兩個地區交給智利占領10年。

雖然戰爭結束了，但包括勝者智利在內，三國的損失都特別慘重，士兵的屍骨都堆成了山。

加上之前跟西班牙打的那場仗，參戰國家為了搶鳥糞，已經付出了……

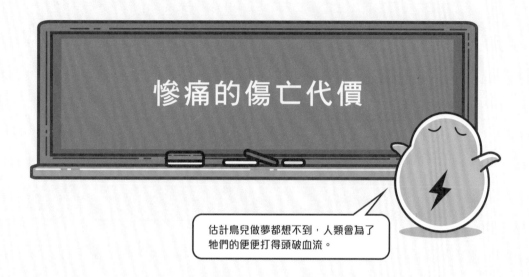

然而智利作為最終贏家，也沒有開心多久，圍繞鳥糞的戰爭讓歐美人意識到，這種資源很稀缺，依賴鳥糞不是長久之計。

🌿 慢慢地，人工化肥登上了歷史舞臺。

🌿 由於人工化肥的效力遠遠強過鳥糞，而且可以不限量生產，鳥糞很快就退出了歷史舞臺，如今只有當地窮苦老百姓才會撿去用。

🍃 鳥糞石是不用搶了，但人類圍繞資源的戰爭一刻都沒停過，只是爭奪的目標變成了石油、煤礦、天然氣、稀土……

🍃 或許未來我們有了新的寶貝，連石油啥的都被替代了，再回頭來看這些戰爭就會覺得，為一堆廢品打架特別可笑，就像我們今天覺得為了鳥糞開戰很逗一樣。

賽雷三分鐘漫畫世界史

7

廣播體操並不是中國人專屬

日本天皇竟然大力推廣「初升的太陽」

● 無論你是學生，還是已經工作的上班族，廣播體操大家肯定都很熟悉。全校學生一起在操場上扭動身體，成為了所有人學生時代的共同回憶。

● 但是外國學校好像不太流行這個，課間有人曬太陽、有人彈吉他，就是沒見誰在操場上整齊一致做操。

可能大家都想問一句，別人都不做憑啥我們要做？為了解開大家的疑惑，雷雷今天就來說說……

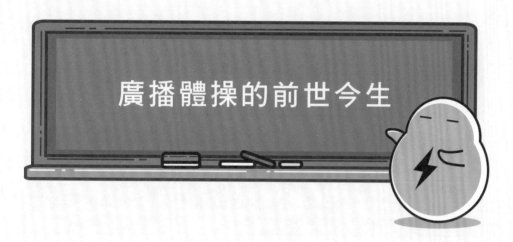

廣播體操的前世今生

首先要搞清的一點就是，跟大多數人的印象完全相反，廣播體操絕對不是中國獨有的。雖然如今看不見老外做操，但在約200年前，他們都是廣播體操的粉絲。

老婆，天快黑了！該回家餵孩子了！

不要拉我，我要在操場跳到天明！

🔵 廣播體操的老祖宗，名叫「楊氏體操」，是一個德國體育學家發明的。當時德國打了某場敗仗，老百姓整天苦著臉唉聲歎氣，他就想用體操讓同胞打起精神。

🔵 楊氏體操是由軍隊操練動作改編而來的，都是砍砍殺殺的動作，以今天的科學分析，對健身其實沒啥幫助，主要是成百上千人一起做操，用氣勢嚇倒敵人。

⚫ 他們做操擺威風，其他歐洲人肯定也不想示弱啊，於是各國先後山寨了楊氏體操。

⚫ 當然，歐洲也不是一直在打仗，在和平歲月裡，大家就減了砍砍殺殺的戲份，加入了真正健身的動作，比方說擴胸、伸展運動，還用音樂代替了單調的口令。

廣播體操並不是中國人專屬　　**125**

20世紀初，西方的各大城市都建立了廣播系統，可以用它把體操音樂傳到每個角落，「廣播體操」這個完全體終於閃亮登場。

歐美幾乎每個廣播電臺都有放體操音樂的時段，不僅是學生要集體做操，連工廠裡的工人、大樓裡的上班族都要一起來搖擺。

但在廣播體操風光無限的同時，許多已經出現的球類運動發展得越來越好，比如……

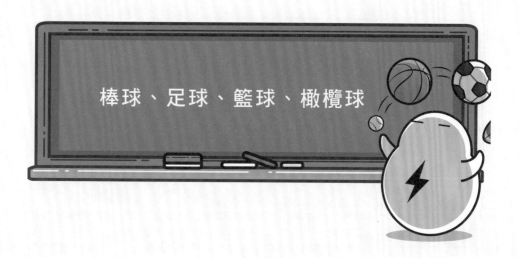

棒球、足球、籃球、橄欖球

人這種動物總是好勝的，相比沒有輸贏的運動，講究對抗的運動讓人更有玩下去的動力。於是大家紛紛拋棄廣播體操，拿起了球棒，穿上了球鞋。

不過這些對抗運動都很燒錢，得建很標準的場地才能玩。西方富國燒得起，阮囊羞澀的窮國家就未必了，比方說當時才崛起沒多久的日本，他們只能選擇做操。

1928年，日本引進了美國電臺的15分鐘廣播操，改名叫「國民健身體操」，還被當作天皇登基的獻禮，可以說給足了面子。

🏀 這套操由日本廣播協會每天放送，政府當時宣傳「好好做操就是對天皇盡忠」，學生和軍人是必須要做操的，上班族和工人也是半強制的。

🏀 其實當時日本政府打的主意就是，大家好好鍛鍊，以後幫天皇侵略別的國家。所以說啥東西到了好戰者手裡都容易變味兒。

廣播體操並不是中國人專屬

1945年日本戰敗後，盟軍一致認為廣播操本身沒毛病，但你們日本人做起來，就是軍國主義氣息太重，直接封殺沒得商量。

離開了日本之後，廣播體操開始尋找下一個伯樂，這次終於輪到中國了。

中華人民共和國成立之後，全民健身被列為了重點工作。可中國又沒錢沒場地，作為首都的北京都只有一座大型公共體育場，全市連一個帶看臺的籃球場都沒有……

當時在體育部門工作的楊烈女士就提議推廣廣播體操，這種鍛鍊不用球場、工具，隨便找塊空地放音樂就能做。

● 楊烈的主意很快被政府批准，正好她有個同事熟悉日本的國民健身體操，兩人一商量，就決定按日本的動作改編，把時間從 15 分鐘縮短到 5 分鐘。

● 1951 年，第一套大眾廣播體操閃亮登場。全國 40 多個城市播放，在沒法接收廣播信號的地方，還發放了 3800 多套唱片用來教學。

為了讓大家儘快接受廣播體操，各家報紙都花了大篇幅介紹廣播體操對身體的好處，政府甚至把分解動作印上了郵票。

第一套大眾廣播體操走紅後，主管體育的部門趁熱打鐵，接著推出了數套改進版新操，總體趨勢是運動量越來越大，動作越來越複雜。

希望大家多運動的心是好的,但老年人、小孩的記性和體力肯定比不上青壯年,到第五、六套廣播體操,他們已經有點跟不上了。從這時候開始,廣播體操就開始慢慢走向衰落。

到了90年代,已經很難看見滿大街人一起做操的場面,電臺裡也越來越難聽到體操樂。

為了繼續發揮廣播體操的作用，體育專家們做了兩件大事：一是推出了第八套大眾廣播體操，動作從複雜改回簡單，讓更多人適應，也算回歸本心了。

二是從大眾廣播體操裡，單獨拆分出了學生廣播操，動作更適合發育中的孩子，也就是中國人民熟悉的那一個個名字——《雛鷹起飛》、《初升的太陽》、《舞動青春》、《放飛理想》。

分家之後的廣播體操走向了截然不同的命運，不強制要求做的大眾廣播體操都像路邊的野草一樣沒人理。

因為中國改革開放也幾十年了，大家的選擇很多，跳跳迪斯可、交誼舞，打打太極拳，也都是健身啊，幹嘛非得選廣播體操？

而學生廣播操，因為是學校強制要求做，總算是沒被打入冷宮，校園也就成了廣播操最後的陣地。

看上去普普通通的廣播體操，背後居然還有這麼多不為人知的故事，知道真相的你以後再做起廣播體操來，是不是感覺別有一番滋味了呢？

賽雷三分鐘漫畫世界史

8

頭髮中的趣味文化史

剪頭髮竟然是極度的精神折磨

沒事就折騰自己的頭髮，已經成了現代人生活的一部分，染髮燙髮都很普遍了。

🖋 就算是不愛打扮的人，頭髮長了總得剪吧，要是你的頭髮又長又亂，走在路上都會被人當神經病……

🖋 不過要是在古代，誰的頭髮不長的話，那才會被人們當成怪胎！

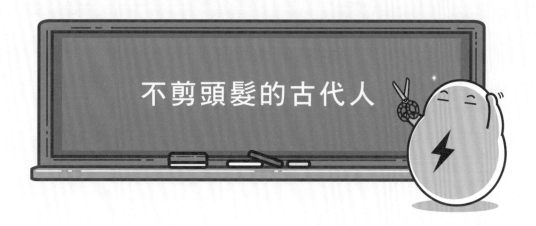

大家應該聽過「身體髮膚，受之父母」這句老話，特別是在封建社會，人們很重視孝道，認為身體每一部分都是父母給的。

既然頭髮也是父母給的，要是隨隨便便就剪了，跟自砍手腳是一個性質，屬於嚴重不孝，爹媽會非常生氣，街坊鄰居也會罵你！

而且古人很迷信，他們看頭髮會不斷長長，就以為頭髮代表著延續生命，如果「咔嚓」一聲把頭髮剪了，壽命也會跟著縮短幾年。

正因為這樣，古人很少會剪頭髮，都把頭髮當成寶，就連在戰場上拚命的時候，都要先把頭髮紮起來，一點都不嫌麻煩⋯⋯

🖊 既然頭髮這麼重要，於是古代那些王公貴族就想到了用剪髮來處罰人，為此發明了「髡（ㄎㄨㄣ）刑」。

什麼是「髡刑」？

🖊 所謂的髡刑，就是把你的頭髮剃光，或者剃到三寸左右，在古時候這可是算作酷刑的。

大人冤枉啊！我只是偷了一個饅頭啊……

雖然在咱們看來，剪個頭髮根本算不上酷刑，一剪子下去不痛不癢的，血都見不著一滴，跟千刀萬剮之類的刑罰更是沒法比。

但是古人並不這麼認為，他們覺得髡刑是「魔法傷害」，雖然沒受皮肉之苦，但折壽是妥妥的，也是在剝奪生命，當然算作酷刑啊！

另一方面，受過髡刑的人，髮型肯定與眾不同，大家一眼就能看出你犯過事，走到哪兒都會被嫌棄。這跟古人在囚犯臉上刺字同理。

就算禁得起路人的嘲諷，那回家要怎麼面對父母呢？很有可能被當作不孝子踹出家門，無家可歸。

✏️ 所以在古人心中，剪頭髮也就比砍頭稍微好了一點。

我活著還有什麼意思……麻煩幫我踢下凳子……

✏️ 那這種「酷刑」是誰發明的呢？由於年代太久遠，如今已經查不到具體的發明者了……

剪髮「酷刑」的起源？

✏️ 但可以肯定的是，從秦始皇那時起，就開始罰人剪頭髮了！

頭髮中的趣味文化史

🖊 當年秦始皇抓了好多苦力，帶到荒郊野嶺修長城，被抓去幹活兒肯定心不甘情不願的，大家都是能偷懶就偷懶。

🖊 秦始皇作為包工頭，最不喜歡的就是延誤工期，於是他抓了些偷懶的人砍掉腦袋示眾！

🖊 剛開始這殺雞儆猴的辦法還不錯，但沒過多久大家又繼續偷懶了，因為長城太難造了，不偷點懶就要活活累死，橫豎都是一死，還不如歇著等死。

🖋 秦始皇也沒轍，又不能每次都殺人，殺光了這些苦力，就沒人建長城了，於是他決定用剪頭髮來代替砍腦袋。

🖋 除了像雷雷之前說的那樣，剪頭髮會對人產生心靈暴擊，還方便了秦始皇的手下來監工，只要重點照顧短頭髮的就行。

沒想到這個辦法出奇好用，那些不願幹活兒的人，天天被監工盯著，工作進度自然加快了不少，長城這個大工程也如期驗收了。

完工是完工了，但這樣逼著人家幹苦力，累死的人成千上萬，老百姓們打心底裡記恨秦始皇。所以秦始皇掛掉沒多久，農民們就起義推翻了秦朝。

後來到了漢朝，皇帝總結了秦朝翻車的經驗，決定對老百姓們好一點，但大臣們就不在優待名單上了，因為皇帝怕他們權力太大會造反。

如果有大臣犯了很嚴重的錯誤，一般都是給處以宮刑，說得通俗點就是「閹了」，讓你變成真正的殘廢。

大家都知道，古代的中國流行子承父業，家裡的東西都是要傳給下一輩的，要是這些當大臣的斷子絕孫了，這麼大的家族產業，誰來繼承呢？

況且在古人的觀念裡，「不孝有三，無後為大」，要是某大臣丟了命根子，爹媽一定會氣得暈死過去。

🖊 於是大臣們就跟皇帝商量，犯了錯肯定是要罰的，但如果動不動就切命根子，以後就沒人願意送兒子「考公務員」了，朝廷也就沒人才可用了。

🖊 皇帝一想也對，於是就和大臣們商量出了一個折中的方案——用剪頭髮代替閹割。

用剪髮懲罰大臣的關鍵在於，能當大臣的人一般都飽讀詩書，讀書人都要面子，天天頂著個寸頭上班，肯定會被同事們笑話，估計沒幾天就受不了，自己告老還鄉了。

雖然說丟臉是丟臉，但時間久了之後，人們發現剪了頭髮也可能長壽，留著長髮也可能暴死，好像頭髮跟生命值沒啥關係。

所以到了三國時期，剪頭髮已經算不上什麼刑罰了，但頭髮對古人來說仍然非常重要，只是沒有之前的朝代那麼誇張。

頭髮新定義

比方曹操在一次行軍打仗的時候，他下令所有人和馬都不能踩到莊稼，否則斬首示眾，結果他自己的馬兒跑去把麥子踩了……

聽清楚了嗎？我真的會殺人的！

囉囉囉

可是……丞相……您的馬……

🖋 這下就尷尬了，身為領導人既不能說話不算話，又死不得，於是他就決定把自己的頭髮剪掉一截，用剪頭髮來代替砍頭。

🖋 雖然這看起來像是隨便找了一個藉口，但是也說明頭髮對古代的人而言，還是非常非常重要的一個身體部位。

🖊 不僅在古代，在今天剪頭髮也算是一種懲罰方式。在監獄裡，囚犯的頭髮也會被剃光。

前面那個禿子！給我站住！

🖊 但跟古代出於封建迷信不同的是，把頭髮剪了是為了強調囚犯身分，去除囚犯一些個性化的特徵，也方便把囚犯和員警給區分開來，萬一囚犯越獄了，一眼就能認出來。

🖊 不過，也有地方給了囚犯一些選擇的權利，比如上海的監獄就規定男性囚犯可以選擇平頭、光頭和寸頭三種髮型。

集合！

從短到長！按照自己的尺寸排好！！

努力改造　爭做新人

🖋 對咱們大多數人來說，自己的頭髮可以隨意打理，想留長想剪短都可以，突出一個「你開心就好」。

🖋 不過現代人去理髮店時，偶爾還是能體會到殺頭般的痛苦……

🖋 為什麼這麼說呢？因為你和理髮師，永遠都不在一個次元上，可能你剛講了幾句想怎麼剪，理髮師就表示get到了……

然後你閉上眼，他開始剪，等你睜開眼時，你的髮型可能已經完全毀了，這時候理髮師還要說一句……

賽雷三分鐘漫畫世界史

9

不免死的免死金牌

能量再大還能大得過皇帝？

🗡 很多古裝劇和武俠小說都提到過一種護體神器，這玩意兒個頭很小，可以直接揣進兜裡，但威力卻大得嚇人。

🗡 只要你拿到它，無論幹了多少壞事，官府的人都不敢動你一根毫毛，他們看到這個神器，還得老老實實跪下。

🗡 講到這兒，很多人可能已經猜出雷雷要說的神器了，那就是「免死金牌」！

哼！有這東西幹嘛不早拿出來！害我白忙活一整天！

下班囉下班囉！

🗡 按電視劇的設定，這玩意兒是皇帝獎給功臣的，拿到牌子的大臣不管犯了啥罪，都不會被處死，牌子還能傳給子孫後代用。

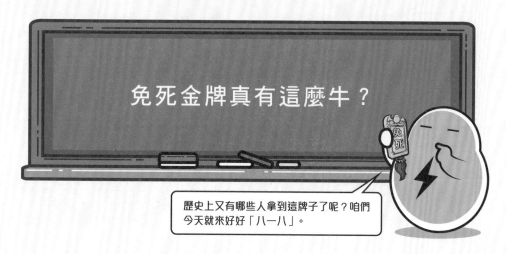

免死金牌真有這麼牛？

歷史上又有哪些人拿到這牌子了呢？咱們今天就來好好「八一八」。

🗡️ 首先必須得澄清，電視劇裡那種寫了「免死」的小金牌，在歷史上是不存在的。

🗡️ 如果有擺地攤的跟你推銷這種「古董」，你可千萬別上當了！

小夥子，我看你印堂發黑，最近怕是有血光之災！買塊免死金牌避避邪？

別說免死了！你先免了我這頓打再說！

🗡 所謂的「免死金牌」，準確來說應該叫「鐵券」，這玩意兒其實是塊鐵板，形狀像瓦片一樣有點彎曲，上面密密麻麻寫滿了字。

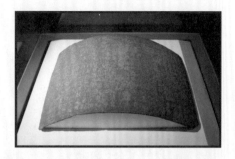

🗡 最早發明鐵券的人是漢朝的開國皇帝劉邦，他從一介村官幹起，靠著一幫小夥伴的支持，花了近10年才統一了天下。

陛下你這是……

我不能忘了當年支持我的鄉親們！

🗡 當上皇帝之後，劉邦就給小夥伴們發獎勵，獎品包括現金、官職、土地等等，而鐵券就相當於獲獎證書。

感謝陛下給我發了這個獎！感謝大家！

而獲獎證書上的字都是用朱砂寫的，所以這時候的鐵券被稱為「丹書鐵券」。

丹書鐵券

而鐵券的內容大概就是，某大臣在某年某月，為國家做出了某種貢獻，因此封他當某種官……

啊……當皇帝……可真不容易啊……

至於免死功能，漢代的鐵券是沒有的，鐵券加上免死罪的條款，要等到幾百年後的……

南北朝時期

在南北朝時，有個將軍叫宇文泰，他在戰場被部下救過一命。

都說大難不死必有後福，後來宇文泰果然手握大權，連皇帝都成了他的傀儡，混得簡直不要太好。

嗯……我能有今天，多虧了當年那個小夥子！

為了報答部下當初的救命之恩，宇文泰瘋狂給他加官進爵，還賞賜給他很多綾羅綢緞，珍奇珠寶，外加獲獎證書鐵券一張。

對你愛……愛……愛……不完……

不免死的免死金牌

⚔️ 宇文泰還嫌不夠，又給他的鐵券多加了幾個字，「憑此證可以免去十次死罪」。鐵券就這樣從一張獲獎證書，變成了保命道具。

⚔️ 南北朝時期戰爭很多，官場也是各種明爭暗鬥，今天你還是皇帝的寵臣，可能明天有人陷害你，皇帝就把你拖出去砍了。

🗡️ 大臣們為了在亂世中保命，都
跪求皇帝給一張免死的鐵券。

🗡️ 而皇帝也很樂意發券收買人心，畢竟賞賜一塊
鐵板的成本，比賞賜金銀、土地低多了。

不免死的免死金牌

🗡 長此以往，到了隋唐時期，免死功能已經是鐵券的標配了。拿到鐵券的人也很多，從大臣、侍衛到太監，跟皇帝關係好的都有。

🗡 後來，由於冶金技術的進步，鐵券上面的字也開始鑲金，顯得更豪氣更尊貴，於是改叫「金書鐵券」。

🗡 這名字在老百姓中間傳來傳去，最後就變成了俗稱的「免死金牌」。

金書鐵券 → 免死金牌

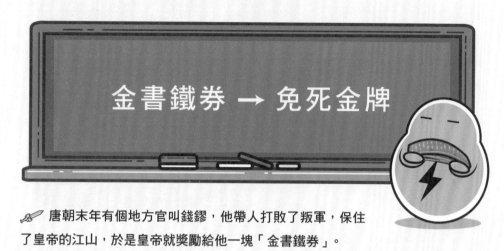

🗡 唐朝末年有個地方官叫錢鏐，他帶人打敗了叛軍，保住了皇帝的江山，於是皇帝就獎勵給他一塊「金書鐵券」。

皇上親自頒獎，微臣真是受寵若驚啊！

要不是愛卿打敗了叛軍！今日朕可能就沒有機會站在這裡了。

不免死的免死金牌 171

上面清清楚楚地寫著，錢鏐本人可免除九次死罪，或他的子孫後代免去三次死罪，如果只是犯了一般的小罪，當沒發生過就行了。

怎麼樣？九次，帶勁吧！

免九次死罪，是不是聽起來很棒？不過錢鏐還沒來得及考慮怎麼花掉這些命，唐朝就先完蛋了，這張鐵券瞬間變成了廢鐵……

站住！！你還欠我九次說兌現的！！

我老家都被人抄了你還要我怎麼樣！！

172

🗡️ 但錢鏐和他的子孫，一直都好好保管著這塊鐵券，畢竟是家族的榮耀嘛，收藏了 400 多年後，錢家的鐵券被明朝皇帝盯上了。

🗡️ 明朝的開國皇帝朱元璋，想學唐朝的樣兒給大臣送鐵券，但他不知道鐵券具體長啥樣，只能把錢家那塊借過來複製。

不免死的免死金牌 173

⚔️ 雖然明朝鐵券是照抄的，但價值比以前低了很多，最高級的鐵券給本人的免死次數也不會超過三次，子孫免死不超過兩次。

⚔️ 所以明朝之後是絕對不會再出現像錢鏐那種九條命的鐵券了，而且還有一點很重要，就是謀反罪不在減免範圍之內！

🗡 大家可能要說了，再怎麼低配好歹也是鐵券啊！理論上有鐵券確實比沒有強……

🗡 第一批拿到鐵券的是明朝的34個開國功臣，他們都是智勇雙全的牛人，當年幫朱元璋打天下時，沒少流血流汗。

不免死的免死金牌 175

🗡 但朱元璋考慮的是，現在天下安定了，養著他們也沒啥用，萬一造反了還很難收拾，合計一下還是殺掉比較放心。

🗡 但這幫人手裡都有鐵券，該怎麼殺呢？只有說是謀反，殺起來才名正言順！

⚔️ 比如他們當中的某個人某天開會遲到了，或者身邊帶的士兵太多了，在朱元璋眼裡都是謀反的前兆。

⚔️ 再後來，老朱乾脆夜觀星象，就能斷定某某要造反。

不免死的免死金牌　　**177**

⚔️ 正所謂「欲加之罪何患無辭」，領了鐵券的這34個人，大多都被朱元璋以謀反罪殺了，而且一動刀子就是滿門抄斬。

⚔️ 這批人中混到善終的，用一隻手就能數得清。所以說嘛，朱元璋版的鐵券，基本上等於死刑判決書。

 看到這裡你也應該明白了，皇帝賜給大臣鐵券，其實就是意思一下，他如果真心想殺你，你就算有一萬張鐵券，恐怕都難逃一死。

 估計是因為明朝皇帝把鐵券的名聲搞臭了，賜給大臣都沒人敢要，後來的清朝就乾脆取消了鐵券。

不免死的免死金牌

179

🗡 但描寫清朝的電影裡經常會出現一種「御賜黃馬褂」，它的功能好像和鐵券差不多，穿上之後就不會被治罪。

黃馬褂又是什麼？

🗡 黃馬褂確實存在，清朝皇帝會把它賞賜給有戰功的人，或者是身邊的僕從，比方說慈禧太后就給自己的火車司機送過黃馬褂。

外面風大！把馬甲披上！

老佛爺……

🗡️ 但它純粹就是個象徵，表示你跟皇帝玩得好，最多穿出去炫耀一下，至於免死功能，完全是瞎編出來的。

🗡️ 清朝是中國最後一個封建王朝，它走向滅亡之後，鐵券和黃馬褂都銷聲匿跡了，留下來的就只有「免死金牌」的傳說。

🗡 古代是皇帝說了算，他高興時可以發鐵券，不高興了也能讓它作廢，就像咱們參加超市抽獎，最終解釋權還是歸商家所有。

🗡 現在咱們講究的是依法治國，誰犯了罪都要按法律處置，免死金牌更像是個笑話，拿來嘲諷那些幻想著找藉口躲過制裁的罪犯。

⚔ 你想想看，現代人拍的電影裡，那些拿著免死金牌的大反派，就算一時能保命，但最後有哪個可以逃過懲罰？

⚔ 與其相信這個世界上有免死金牌，不如做一個遵紀守法的好公民，不觸犯法律，才是最好的免死金牌！

不免死的免死金牌   183

賽雷三分鐘漫畫世界史

10

「衣冠禽獸」風俗變遷史

明朝那會兒意味著當大官

🫘 如果你走在街上，有個算命的拉住你，說看你以後會是個衣冠禽獸，你肯定會氣得跳起來，不揍他都算好的了。

🫘 但是在幾百年前的古代，成為一個衣冠禽獸是所有年輕人的終極夢想。

賽雷三分鐘漫畫世界史

🥚 這又是怎麼回事呢？別急，咱們先看看這詞的解釋，大多數人都認為，它的意思是……

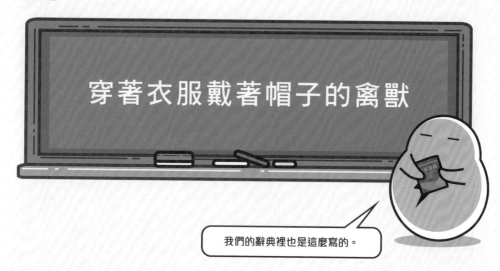

穿著衣服戴著帽子的禽獸

我們的辭典裡也是這麼寫的。

🥚 但你從另一個角度理解，「衣冠禽獸」也可以指衣服上畫著禽獸的人，那什麼人穿著禽獸衣服呢？答案就是——當官的！

沒錯，我就是衣冠禽獸本尊！

參見大人！

參見大人！

話說當年明朝剛剛建立，管事的是開國皇帝朱元璋。皇帝都覺得自己是真龍天子，衣服當然也穿的是龍袍。

但老朱這人比較矯情，他覺得有對比才有優越感。朱元璋的龍袍雖然帥，但是沒人來襯托，就顯得像一人軍隊的司令。

賽雷三分鐘漫畫世界史

於是他決定給全國官員的制服都繡上飛禽走獸，這樣一上早朝，就好像百獸圍繞著真龍，感覺自己非常牛。

這時尚還得由朕來引領……

不過也不能隨便繡，要是繡一堆雞鴨豬狗在官服上，朝廷不就顯得像農場了嗎？

呃……萌系好像不太適合你們呀……

「衣冠禽獸」風俗變遷史　　189

所以朱元璋就按文武來分類，文官一律繡象徵祥瑞的飛禽，看起來優雅，比如一品官繡仙鶴，二品官用錦雞，三品用孔雀。

誰能對上朕的對子，朕就獎勵他穿仙鶴！

這裡其實有嚴格的等級制度，在中國的傳統觀念裡，仙鶴在飛禽中的地位僅次於象徵皇后娘娘的鳳凰，孔雀就要比仙鶴差一點。

武官不像文官那麼秀氣，他們主要突出一個「能打」，所以官服繡的都是走獸，比如一、二品武官繡獅子，三品繡老虎。

三品武官官服的老虎圖案

朱元璋這麼一搞，滿朝官員就全部化身「飛禽走獸」。當官的在古代是什麼？是尊貴的象徵！是萬千少年的夢想！

所以「衣冠禽獸」這個詞，一開始並不是拿來罵人的，人家說這個詞是祝你以後當大官，你說謝謝還來不及呢。

哎呀錢掌櫃呀，祝您兒子仕途順利，以後當個大大的衣冠禽獸啊！

陳掌櫃啊！您也是！您也是！祝您全家都是衣冠禽獸啊！

雖然「衣冠禽獸」一開始不算髒話，但有個很相似的詞，從宋朝開始就是貶義，叫做……

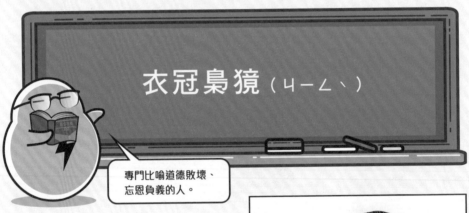

衣冠梟獍（ㄐㄧㄥˋ）

專門比喻道德敗壞、忘恩負義的人。

傳說中梟是一種惡鳥，會吃掉自己的媽媽，獍則是長得像虎豹的怪獸，也是一出生就拿老媽當甜點。

梟

咱們再說回「衣冠禽獸」，它又是怎麼一步步變成貶義詞的呢？這就得說到……

明朝中後期的官場

原本官員衣服的圖案是等級高低分明的，但朱元璋的子孫們經常瞎搞，本來應該穿孔雀的，卻賞人家穿仙鶴，這一下子就亂套了。

皇上，孔雀官服好像沒尺碼了！

那就把仙鶴的給他吧！反正都是鳥。

多……多謝皇上……

官員們也經常攀比，明明只能穿老虎，非要穿個獅子炫耀，我們現在發掘的明朝官員墓，就出土了很多跟墓主身分不符的官服。

哇！原來古代也流行oversize（特大號）啊！

這樣玩下去，飛禽走獸的象徵意義就沒了，而且明朝官員的工資低，他們又不敢叫皇帝加薪，只有從百姓那裡搜刮。

快點把錢給老子交上來！老子要換最新款的獅子大衣！

你們這群禽獸！你們不是人！

老百姓被壓榨到憤怒了，打心底裡恨這些當官的，所以在他們的眼裡，「衣冠禽獸」不再是尊貴的象徵，而是代表著一群貪官污吏。

明朝作家陳汝元，在他的《金蓮記》中寫道，「人人罵我做衣冠禽獸」。可見到了此時，這個詞已經徹底變成貶義。

像「衣冠禽獸」這樣，一開始是褒義，後來慢慢變了味兒的詞，其實還有不少，雷雷就順便再來給大家講兩個，還是先來個跟禽獸有關的，大家肯定知道……

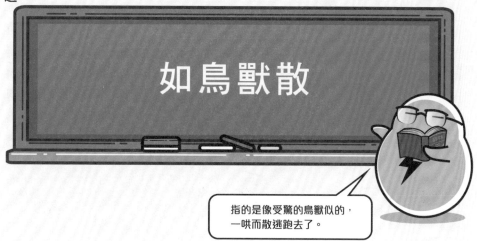

這詞最早出現在漢朝，當時李陵將軍只帶了幾千士兵深入匈奴的地盤，跟近十萬敵軍對毆，幾天之內殺敵無數。

但最後他們還是寡不敵眾，被匈奴人團團包圍。李陵覺得士兵盡力了，不忍心看著他們送死，就命令他們突圍撤退。

🫘 一起走的話目標太明顯了，他讓士兵分開走，像鳥獸一樣潛入山林，跑出去再跟皇帝報信，李陵的原話是「各鳥獸散」。

🫘 所以這詞一開始的意思是，勇士們在絕境中⋯⋯

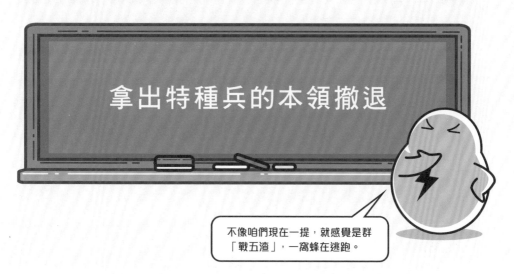

拿出特種兵的本領撤退

不像咱們現在一提，就感覺是群「戰五渣」，一窩蜂在逃跑。

除了士兵們的「如鳥獸散」，還有個跟商人有關的「無奸不商」。每次大家買到假冒偽劣貨色，一定要罵這句話解解氣。

這個詞一開始的意思其實是「無尖不商」，講的是商人厚道，給顧客一點實惠，壓根就不是拿來罵奸商的。

🫘 古時候賣米，都是按一斗一斗來算的，只要把斗子裝滿，分量就正好是充足的，想短斤少兩是不太容易的。

🫘 良心商家裝滿一斗米之後，還會多倒一點當贈品，在米斗上倒出一個小尖，這樣才好吸引回頭客嘛！

「無尖不商」就是這麼來的,形容賣家很給力,老是送贈品。但問題就在於,古代的皇帝們看不起商人,他們覺得種地才是正道,經商什麼的都是扯淡!

最瞧不起你們這些拿著農民的米,賺著自己的錢的商人了!

所以他們老是把商人說成是陰險狡詐的人,民間自然也就當真了。這個詞的意思自然也就變得面目全非了,慢慢演化成同音的「無奸不商」,然後一直用到今天。

哈啾!誰又在罵我!!

很多成語、俗語最初的意
思，跟現在差了十萬八千里，
經歷了歲月變遷，摻進了各種
歷史典故，才變成現在這個樣
子。所以我們嘴上講的漢語，
就是活的文物。

如今網路文化這麼發達，各種「梗」、橋段層出不窮，到了幾百年以後，肯定
又造出不少成語，現在有的成語，說不定又要大變身了。

「衣冠禽獸」風俗變遷史　　**201**

賽雷三分鐘漫畫世界史

11

人魚族背後的海洋文明

「海上精靈」最終也會消失嗎？

在城市裡看著死氣沉沉的高樓大廈，每天上班下班循環往復，做枯燥無味的工作，還要笑臉迎著領導客戶，時間一長很容易讓人感到煩躁。

每當心煩的時候，很多社會人腦袋裡就冒出一個念頭：要是能逃出城市，回歸美麗的大自然，過那種最原始、淳樸的生活該多好。

就跟隱居田園的古人一樣，白天幹活兒晚上睡覺，反正是自己給自己打工，還能偶爾偷偷懶、永遠不加班。種地累了就看看風景，簡直是神仙的生活啊！

腦補這些肯定很爽，但現實中的這種生活真的很美好嗎？我們今天要講的，就是被稱為全世界最自由的人——

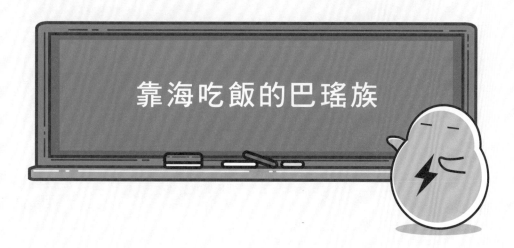

靠海吃飯的巴瑤族

🐟 巴瑤族大概有40萬人左右，他們是全球最後的海上遊牧民族，生活在東南亞，而且生活方式非常非常特殊。

🐟 陸地上的遊牧民族，大家都不陌生，就是一群人經常搬家，哪兒有水和草，就趕著牛羊跑到哪兒住。巴瑤族其實也差不多，只不過陸地換成了大海，牛羊也換成了魚蝦。

🐟 他們世世代代都以漁業為生，菲律賓、馬來西亞和印尼之間的廣闊海域，都是巴瑤族的「地盤」。

🐟 大家可能想說，以漁業為生的人多了去了，各國沿海地區一抓一大把……

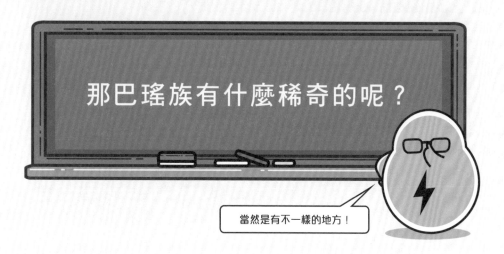

那巴瑤族有什麼稀奇的呢？

當然是有不一樣的地方！

人魚族背後的海洋文明

🐟 其他地方的漁民，捕魚大多是拿來賣的，而巴瑤族都是自己抓自己吃，更重要的是，其他漁民只是在海上待得久點，而巴瑤族基本不上岸！

🐟 他們一天中大部分時間都待在很小的木舟上面，巴瑤族管它叫lepa-lepa。這種木舟窄到只能並排坐兩個人，還是純靠手划的，要多原始有多原始。

🐟 他們不僅坐的船很差，而且連漁網和釣竿都很少用。他們更喜歡親手抓，會戴上自己做的護目鏡潛進海裡捉魚，或者摸一些海參、貝殼上來。

🐟 所以巴瑤族個個都是潛水高手，不用任何工具幫助就可以在幾十公尺深的海裡來去自如，就像天生的人魚一樣。

🐟 巴瑤族技術再好，比起帶著高科技裝備的漁船，捕魚效率肯定只有被碾壓的份兒。不過巴瑤族不太在乎，反正他們也不賣錢，夠自己吃就行了。

友仔，沒釣到魚嗎？今晚我請你吧！

🐟 黃昏降臨的時候，他們會划著小舟，帶著今天的收成回到村落──但不是建在陸地上的，而是一堆簡陋的海上高腳屋。

🐟 這些高腳屋都很小，能容下兩三張小地鋪已經很不錯了，所以做飯得到外面去。

🐟 村裡一般會有條大點的船，大家就聚在船尾升起火，每家貢獻出一些魚蝦，當場宰，當場煮，味道那叫一個鮮啊。

🐟 在開動之前，巴瑤族還是按傳統，默默感謝一下大海的恩賜，然後祈禱明天的撈魚之旅也能有所收穫，吃完就回高腳屋歇著去了。

🐟 海上的這一天生活，就像巴瑤族人生的縮寫。他們的工作、吃住都在海上，基本上自給自足，很少會跟陸地扯上什麼關係……

🐟 只有缺一些他們沒法生產的必需品時，比如衣服、鍋碗、調料，巴瑤族人才會踏上陸地，拿自己的魚蝦去換。

🐟 這些事都是派幾個年輕人去辦。巴瑤族的大部分老人都把不登陸作為老祖宗留下的傳統，他們可能從出生到老死，都待在大海的懷抱裡。

🐟 那這個傳統是哪兒來的呢？巴瑤族人中有個傳說，古代發生了一場大洪災，某島國公主都被大水沖走了，國王悲痛欲絕，就命令手下出海找公主，找不到就別回來。

一年又一年過去了，他們連公主的影子都沒看到，但又不敢違背王命放棄搜救，這群部下就只能帶著家人永遠生活在海上。

此外，還有另一個不太光彩的版本，說巴瑤族的祖先是支皇家衛隊，有一次的任務是開船護送公主遠嫁。

結果因為疏忽大意，公主在半路上被海盜劫走了，護衛隊因為沒臉見國王所以去海上流浪了……

🐟 不管是啥原因，反正都造就了他們簡單自由的生活。很多被城市束縛的人……

🐟 遠離又吵事又多的陸地，到沒人打擾的大海上，跟碧水藍天為伴，每天想工作就工作，懶得動也沒有老闆來罵你。

🐟 要是有愛人陪伴就更好了，妹妹你坐船頭，哥哥在船尾划，晚上一起躺在高腳屋數星星，多麼浪漫啊。

🐟 但雷雷想說的是，要真把你送去巴瑤族那兒生活，用不了一個禮拜，你就得哭喊著回家，因為巴瑤族的生活是表面看起來爽……

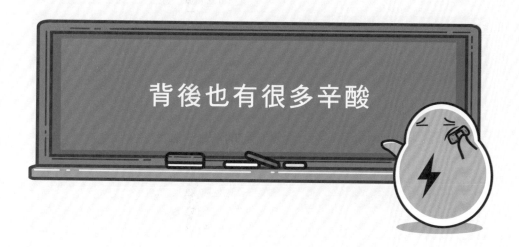

為了擁有人魚一樣的潛水技能，巴瑤族孩子從四五歲開始，就會被爹媽逼著苦練潛水。我們旅遊時潛一次覺得新奇，讓你天天潛的話，估計很快就膩了。

父母還會拿竹籤之類的東西戳穿孩子的耳膜，這樣潛水的時候，耳朵就不會難受，但代價是終身聽力殘疾，很多巴瑤族人到老的時候，已經完全聾了！

🐟 日復一日的潛水工作，還會讓他們患上一種叫減壓症的疾病，關節和骨頭慢慢壞死，稍微一動就椎心地疼。

🐟 一旦得上這種病，巴瑤族就只能聽天由命了，因為他們的高腳屋村落太簡陋，裡面根本沒有醫院，也沒有醫生和藥品。

難道政府就不幫幫忙嗎？理論上確實應該幫忙，但巴瑤族並不屬於哪個國家，他們生活在幾個國家交界的海域，還經常把高腳屋搬來搬去，可能今天離菲律賓比較近，明天就跑到印尼去了。

說得難聽點就是海上流浪漢，沒有哪個國家給他們國籍，他們也不承認自己有祖國，所以……

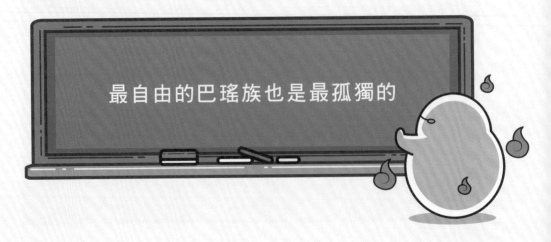

🐟 所以政府並不需要對他們負責，醫院就別指望了，學校、養老院等所有公共設施，巴瑤族一概沒有資格享受，只能自生自滅。

🐟 有些國家考慮過逼巴瑤族上岸定居，但他們很快發現，還是海上的巴瑤族有利用價值……

🐟 只要說這兒有群不上岸的原始人，大都市裡的人立馬好奇心爆表，過來瞧個稀奇。遊客們坐在高大的遊輪上，俯視著巴瑤族的小破船小破房，優越感油然而生……

🐟 遊客們把零食、泡麵，甚至是錢當作恩賜遞給天真的巴瑤族小孩，然後開心地觀察他們的反應，就像給動物園裡的猴子投食一樣。

🐟 如果你和你家人的生活被當作一場馬戲團表演，你能受得了嗎？

🐟 他們從外人的眼光中知道了自己與現代文明格格不入，很多人離開了堅守的小舟和高腳屋，上岸像普通人一樣找工作定居。

🐟 留下來的那部分人也拋棄了老祖宗的潛水捕魚法，開始用炸藥和毒藥捕魚。這會嚴重破壞環境，人與海洋和諧共處的理念已經沒了。

🐟 巴瑤族的人數每年都在減少，可能十幾二十幾年之後，這些海上遊牧民就會完全消失，徹底融入現代文明……

看客們能寫萬字長文表示心痛，連最後的「海上精靈」都被同化成了「社畜」，世界上再也找不到真正自由的生活。

但對巴瑤族來說，犧牲一些自由去換來現代文明的各種福利，不用再風裡來雨裡去，不用在病痛中絕望等死，這又有什麼錯呢？

賽雷三分鐘漫畫世界史

12

VS

東方和西方有關龍的神話變遷

同樣是龍，為何一個是神一個是魔？

中華上下五千年，有講不完的神話故事，也出現了數不清的神獸，很少有人能記全它們，但每個中國人都至少認識其中一種，那就是「龍」。

在很久很久以前的古代，咱們中國人就崇拜龍，認為它是萬獸之首，擁有無敵的神力，遠超其他神獸，能呼風喚雨、掌控萬物，所以江河邊布滿了龍王廟。

東方人眼裡的龍

就連高高在上的皇帝，都主動給龍當兒當孫，以真龍天子自居，穿龍袍坐龍椅，身邊能碰到的一切都畫上了龍。

即使到了科技發達的今天，大家心裡都清楚龍只活在神話裡，但還是把它當成祥瑞的象徵，還自稱「龍的傳人」。

中國人自稱「龍的傳人」，這是西方人最不能理解的行為之一。龍的英文叫作「Dragon」，老外普遍覺得它是種邪惡、陰險的生物。

西方人眼裡的龍

在西方遊戲、電影裡，你能很明顯看到這種偏見。龍要嘛是殘暴的吃人怪，要嘛是等在最終關的boss，反正最後的結局都是主角屠龍。

🌀 同樣是叫「Dragon」，為啥中國龍和西方龍的造型和地位都差這麼多呢？咱們今天就好好講講……

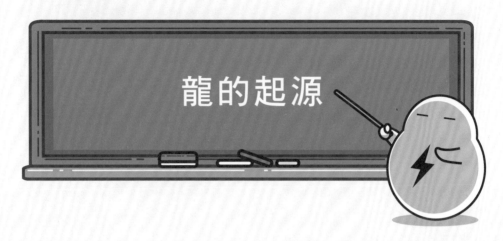

🌀 在原始人那個時代，人類每天跟大自然做鬥爭，各種猛禽、猛獸和毒蟲都是人類的勁敵，人在它們面前一不小心就會性命不保。

這些人類的勁敵就包括蛇。人類學家做過調查，如今每1000人中，就有390人害怕蛇，即使在蛇非常罕見的地方，兒童也本能地逃避蛇，可見人類對蛇的恐懼已經刻在骨子裡了。

古人對蛇有種非常微妙的情感，既害怕被牠們幹掉，又崇拜牠們咬一口就能致死的力量，當然對豺狼虎豹也是一樣。

這吃相好有福氣啊！好羨慕！

所以民國時期的大師聞一多就推測，在上古時期，中國各個原始部落，以不同的動物作為圖騰，其中一支部落用的就是蛇。

而這支蛇部落非常強大，吞併了其他部落，並把對手的代表性動物也融入自己的蛇圖騰，蛇加了鷹爪、牛角、鱷魚腿等等部位，最終就成了龍圖騰。

在西方文明的搖籃古希臘，龍跟蛇的親戚關係也很明顯。古希臘文中的「龍」，跟「巨蛇」是同一個單詞，通常指……

擁有超自然力量
長得奇奇怪怪的蛇

所謂「奇奇怪怪」，有時候就是腦袋多，比如說大英雄海克力斯曾經斬殺過九頭蛇海德拉，當然它也可以翻譯成「九頭龍」。

海克力斯斬殺九頭蛇

西元前3世紀的希臘壁畫上還描繪過一條海龍，它依然以蛇身為主體，然後長出了手，看起來跟中國龍驚人地相似。

希臘壁畫上的海龍

從設定上來說，這時的西方龍有好有壞，像前面說的九頭龍就比較壞，爬過的土地都會變黑，待過的水域會變臭，沒事還喜歡吃人，所以被宰掉了……

東方和西方有關龍的神話變遷　　**235**

有的龍就規規矩矩的，奉天神之命看守某件寶物，你不去惹牠，牠也就不惹你。傳說宇宙中的天龍星座，就是一條守護龍被天神升職，飛天之後變成的。

雖然西方龍亦正亦邪，但要論戰鬥力，往往都是秒殺人類。歐洲很多崇尚力量的民族都把龍當作自己的信仰。

有些軍隊甚至拿龍當標誌。領頭的手持龍旗，指揮士兵、鼓舞士氣，這種龍旗後來就演變成了我們所熟知的「Dragon」。

那西方龍的地位和造型，為什麼變成今天這樣了呢？歸根結底就因為兩本書，首先是史上暢銷榜第一名——

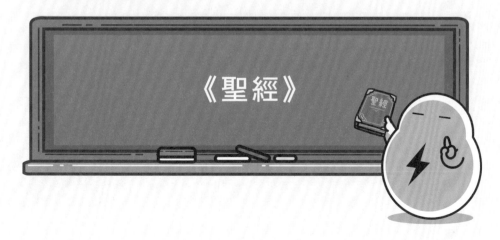

《啟示錄》第12章第9節寫，龍就是那古蛇，它名叫魔鬼，又叫撒旦，是來迷惑全天下的，直接把龍定性成反派了。

不過《聖經》裡寫著龍是古蛇，還不是我們現在看到的西方龍造型，真正把西方龍搞成現在這樣的，是英雄史詩——

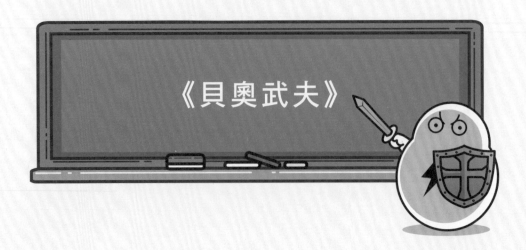

《貝奧武夫》完成於西元8世紀，是最早的古英語史詩。它在西方人心中的地位，就類似我們的女媧補天、夸父追日，沒有誰不知道《貝奧武夫》的。

這書講的就是主角打怪，因為深受基督教影響，其中一個怪物就是龍，這個故事裡的龍有了非常詳細的全新設定。

🐚 它長著強壯的身軀，身披像盔甲一樣堅硬的鱗片，頸又長又粗，用四隻強而有力的腳步行，用一對像蝙蝠翼的巨翼飛行。

🐚 而且龍會吐息來攻擊敵人，可以噴火、噴毒、噴冰……從性格上來說，龍喜歡窩在山洞，以收集金銀財寶為樂，非常易怒而且報復心重。反正就是可以隨便醜化龍的形象。

所以自《聖經》和《貝奧武夫》之後，西方龍邪惡、凶殘的形象，就基本上確定下來了，但是在遙遠的東方……

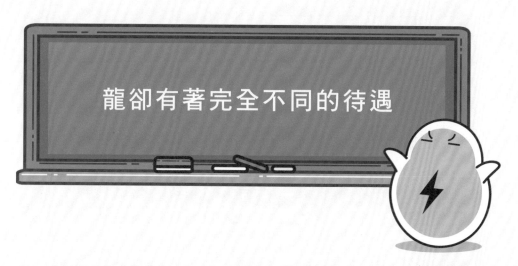

龍卻有著完全不同的待遇

由於雨前的閃電像龍，而且組成龍形象的動物都跟水沾邊兒，比如鱗來自魚、腿來自鱷魚，就連貢獻了身體部分的蛇，也會在水裡游，所以古人就認定龍是掌管水的神。

不好好供奉我，我就停你們水！

古代中國就靠種地吃飯，對這種農業國的老百姓來說，一場好雨加上河流不氾濫，就是最大的幸福。為了能夠風調雨順，人們自然就給了龍最大的尊敬。

剛好秦漢時期開始中國大一統，為了方便管理，帝王們急需捧起一個大神來整合下全國各地的信仰。而最終被選中的，就是跟農業息息相關的龍！

帝王們自稱龍的化身，或者受到龍的保護，借助龍來樹立威信，從而讓老百姓乖乖聽話，龍的地位也因為皇帝的推銷而被抬高了。

後來，當佛教這種新的信仰從印度傳入中國時，龍也沒有慘遭打壓，而是完美融入了佛教，因為印度那邊崇拜那伽，即……

佛教傳說中，那伽奉佛命守護泉水、河流，並且能造雨帶來豐收，這與中國龍的設定完全相同。所以古人翻譯佛經時，直接把那伽跟龍畫上了等號。

既是雨水之神，又是皇帝的祖宗，還是菩薩的手下，中國龍的人氣自然居高不下，中國各地都有祭祀龍的習俗，也有供奉龍的廟宇。

放今天我可是地產大亨呢！哪兒都有我的房產！

龍王廟

站在龍生巔峰的中國龍，跟已經成為靶子的西方龍碰撞到一起時，就難免會讓人疑惑。比如在1583年來到中國的歐洲人利瑪竇，為了傳教，他開始編翻譯詞典。

利瑪竇

在翻譯「龍」這個字時，他感到前所未有的困惑，從描述來看，龍有些像《聖經》裡那條名為撒旦的邪惡古蛇。

撒旦古蛇嗎？！

啪

這……這不是……

但皇宮中隨處可見的龍，還有老百姓對龍的崇拜，讓他馬上否定了這個想法，判斷龍是祥瑞的象徵。所以利瑪竇只翻譯成了「像蛇一樣的大蟲」……

而被他翻譯成「Dragon」的，是龍的前身——「蛟」。我們常說蛟龍蛟龍，但蛟和龍其實是兩種生物，相貌有一定區別，蛟要修煉1000年才能成龍。

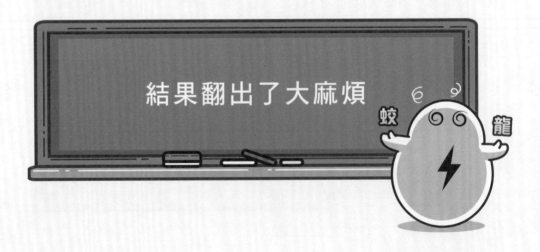

咱們中國人都不一定能分清蛟和龍，而更多老外來到中國，看到抽象的雕塑和壁畫，以為龍就等於蛟，於是以「Dragon」稱呼中國龍。

這下就全亂了，中國在西方人眼裡，成了遍地是惡龍的怪異國度……

即使在幾百年之後的今天，這個稱呼依然沒有糾正過來，中國龍也是邪惡、兇殘的，已經成了西方人心裡的刻板印象。

近些年有很多語言學家試圖給中國龍另起個譯名，好跟邪惡的「Dragon」區分開，支持者較多的方案，是新造出的單詞——

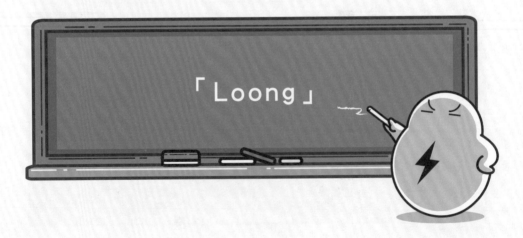

「Loong」跟拼音的lóng相似，非常好記，而且寫起來修長，很像抬頭的龍，兩個「o」連在一塊兒，還代表龍的兩個大眼睛⋯⋯

東方和西方有關龍的神話變遷 　**249**

賽雷三分鐘漫畫世界史

13

末日倉庫中的未來

在世界末日前拯救人類

在不遠的未來，地球被外星人襲擊，或者遭遇了史詩級的自然災害，大部分人都喪命了，只剩下一小隊倖存者在艱難求生……

這樣的情節，想必大家在不少科幻片裡看到過，很多人看完都會想，如果世界末日來了……

人類有沒有給自己留下後路呢？

你還別說，在挪威真的有個用來防止世界末日到來的倉庫！

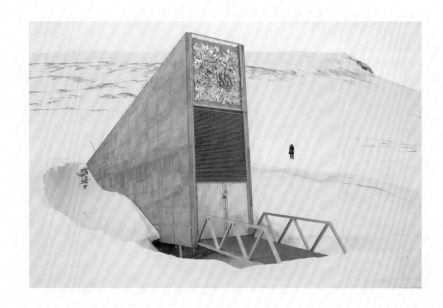

這倉庫裡面到底裝了啥？能把人類送到外星的太空船？還是能擋洪水的諾亞方舟？

其實都不是，這座倉庫的全稱叫做「斯瓦爾巴全球種子庫」，裡面儲存著100多萬件來自世界各地的農作物種子樣本。

很多人聽了可能會一臉疑惑，存個種子就能拯救人類？要搞清這裡面的原理，你就先得理解……

「保護生物多樣性」有多重要

就拿咱們吃的稻米來打個比方，世界上原本有很多不同種類的水稻，但有些不能適應現在的氣候，有些結出的稻穗太小。

對農民來說，他們當然希望水稻強壯又高產，所以他們只會種植優良品種，而其他種類的水稻沒人種，可能就慢慢走向滅絕了。

🗨 這並不是聳人聽聞，從1950年到現在，中國的水稻種類減少了90％，同一時期裡，美國也有90％的果蔬作物滅絕。

🗨 100年前，世界上還有1500多種蘋果，現在呢？大家能買到的蘋果，也就只有四五種而已……

🪨 這樣做就帶來了一個問題，地球的氣候是在不斷變化的，我們現在大規模種植的優良品種，可能沒辦法適應未來的氣候，種不出糧食，大家就都得餓死。

🪨 而當初被看扁的那些低劣品種，說不準能適應氣候，但那時候它們早就滅絕了，你拿什麼去種？

於是科學家就想著，把這些「潛力股」的種子，放進倉庫裡保存起來，以後有需要時再拿出來播種。

這種收藏種子的倉庫，其實不只斯瓦爾巴這一家，在世界各國都有。但是，國家之間可能發生戰爭，也有可能碰到自然災害，如果是世界末日級別的災難，這些種子庫可能就全部毀掉了。

比方說阿富汗和伊拉克都曾經擁有自己的種子倉庫，結果打起仗來，珍貴的種子就被一把火燒光了。

所以科學家們就想找個更加安全的地方，把這些種子再備份一次，作為人類最後最後的希望。而承擔這個重任的，就是斯瓦爾巴全球種子庫。

末日倉庫中的未來

這個倉庫位於挪威的斯瓦爾巴群島，處於北極圈內，天冷得不行，就像一個天然的大冰箱，很適合保存種子。

這裡雖然是挪威的領土，但世界各國在 1920 年簽了個條約，規定任何一國的軍隊都不能跑到這個群島上搞事，所以這裡基本上沒有發生戰爭的可能性。

····················· 賽雷三分鐘漫畫世界史 ·····················

倉庫的建造也很講究，入口設在海拔130公尺的地方，理論上就算南極的冰全部融化，海平面上升，這裡也不會被淹沒。

倉庫的牆壁全部都是鋼筋混凝土，深埋在山體裡面，可以承受6.2級地震，甚至是原子彈的攻擊。

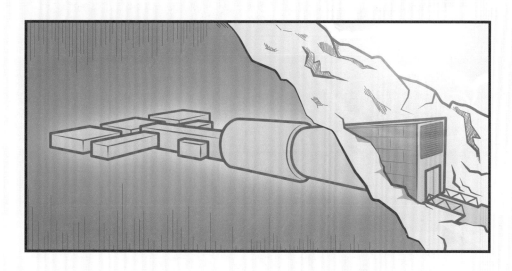

裡面還裝了非常先進的空調系統，讓倉庫一直保持在零下18度。種子也做了密封乾燥處理，可以保存一千年以上。

為了保證絕對低溫，科學家連人體發熱都考慮進去了。工作人員一年只能進來兩三次，倉庫平時都是無人看守。

就算沒人看守，想進去搞事也很難，因為倉庫裡到處都是攝影機，直接連到挪威員警的電腦，倉庫裡的溫度也時刻被衛星監視。

為了盡可能多收集種子，這個倉庫完全不收費，誰都可以把種子存過來，倉庫運營花的錢都來自聯合國和一些基金會的捐贈。

世界上大多數國家，都在斯瓦爾巴存了備份種子。就算是不怎麼喜歡跟西方打交道的國家，也寄了好幾箱種子過來。

如果你自家的種子庫被毀，你隨時都能到斯瓦爾巴取回備份。比如前幾年敘利亞爆發了內戰，儲存在首都的種子樣本全部在戰亂中弄丟了。

🔖 2015年，敘利亞的科學家就向斯瓦爾巴種子庫要回了自己當年寄過去的種子，並帶到鄰國去繼續研究。

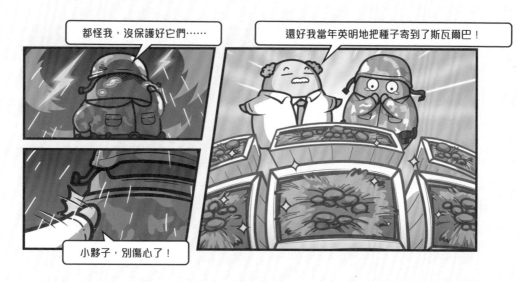

🔖 因為這件事，斯瓦爾巴種子庫名聲大噪，還收穫了一大堆美稱，什麼「末日種子庫」、「人類最後的生機」。

就在大家都覺得它很厲害的時候，突然爆出了一條「打臉」新聞，這個承載人類全部希望，而且防守嚴密的倉庫……

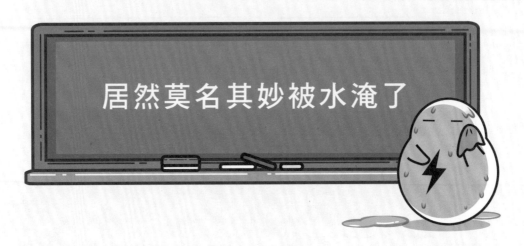

當時流進倉庫的水已經漫過了入口處的隧道，萬幸的是倉庫裡的種子沒受損，工作人員都被嚇出了一身冷汗，趕緊加班加點修了一道防水牆。

科學家們推測，是全球氣候暖化使倉庫邊本應終年不化的積雪融化了，搞出了一場小型「洪水」。

建造這個種子庫，目的之一就是應對氣候暖化，結果它自己都差點毀於氣候暖化，可見這玩意兒並沒有傳說中那麼可靠。

其實，就算種子庫能堅挺不倒，完成保護種子的大任，它也未必能在世界末日時成為人類最後的救命稻草。

我們假設爆發世界大戰，各國互相投擲原子彈，或者像電影《2012》裡那樣，山崩地裂，洪水來襲，人類的交通工具肯定都變成廢鐵了，倖存下來的人類真的能趕到遙遠的北極取出種子嗎？

就算運氣好拿到種子，還有乾淨的土地給他們播種嗎？

就算這些條件都成立，雷雷還想問一句……

國家圖書館出版品預行編目（CIP）資料

賽雷三分鐘漫畫世界史／賽雷著. -- 初版. --
臺北市：臺灣東販股份有限公司, 2022.02-
1冊；17×21公分
ISBN 978-626-329-102-7（第1冊：平裝）

1.CST：世界史 2.CST：漫畫

711   110022482

賽雷三分鐘漫畫世界史1

2022年2月1日初版第一刷發行
2023年1月15日初版第二刷發行

著　　　者　賽雷
主　　　編　陳其衍
美術編輯　黃瀞瑢
發 行 人　若森稔雄
發 行 所　台灣東販股份有限公司
　　　　　＜地址＞台北市南京東路4段130號2F-1
　　　　　＜電話＞（02）2577-8878
　　　　　＜傳真＞（02）2577-8896
　　　　　＜網址＞http://www.tohan.com.tw
郵撥帳號　1405049-4
法律顧問　蕭雄淋律師
總 經 銷　聯合發行股份有限公司
　　　　　＜電話＞（02）2917-8022

TOHAN